ÉTUDE HISTORIQUE & CRITIQUE

SUR

LE P. LACORDAIRE

Sa première prédication Dominicaine à Bordeaux
Son Œuvre, son Ecole, son Libéralisme

PAR

AUGUSTE NICOLAS

> « Après le plus mûr examen, dans
> « toute la série des questions toujours
> « profondes, souvent indécises, sou-
> « levées par son mâle génie, aucune
> « proposition n'a été de la part de
> « Rome l'objet d'une censure ou sim-
> « plement d'une critique : voilà pour-
> « quoi je suis dans cette chaire. »
>
> *(Oraison funèbre du R. P. Lacordaire, par
> S. Em. le Cardinal Donnet, 16 juin 1862).*

TOULOUSE

THOMAS & CONFERON, ÉDITEURS
21, RUE BONREPOS, 21

1886

LETTRE DE L'AUTEUR

ET

AVANT-PROPOS

A Monsieur l'Abbé Callen,

Chanoine honoraire de Bordeaux, Rédacteur de l'Aquitaine.

Monsieur l'Abbé et honoré Compatriote,

Chroniqueur érudit de l'antique Eglise Primatiale d'Aquitaine, professeur d'éloquence sacrée à la Faculté de théologie de Bordeaux, il vous appartenait doublement de revendiquer la part d'honneur qui revient à cette Eglise et à cette Cité pour avoir inauguré, dans nos temps modernes, la prédication dominicaine du R. P. Lacordaire, dans sa double station de 1841-1842.

A cet effet, vous avez bien voulu vous adresser à moi comme à un des survivants de la génération qui y assista, et en particulier comme y ayant été en quelques rapports d'intimité avec l'éminent Conférencier. *Vous nous devez le P. Lacordaire puisque c'est à lui que nous vous devons*, avez-vous bien voulu m'écrire. Vous m'avez pris ainsi, non seulement par ma compétence de contemporain, mais par ma filiale gratitude envers l'illustre Père, et l'office que vous attendez de moi en est devenu un pieux devoir. Ce devoir, Monsieur l'Abbé, permettez-moi de vous dire, tout d'abord, comment je le comprends et comment il s'impose à moi.

Sans qu'il y ait lieu pour moi d'en être flatté, l'âge m'ayant donné comme l'optique de la vie, mes souvenirs, à raison même de la distance, en seront d'autant plus vivants, et sous ce rapport vous ne pouviez pas mieux vous adresser. Mais l'âge, aussi, me faisant assister à tout ce qui est advenu du grand nom de Lacordaire, m'a donné un sérieux souci de l'intérêt non plus seulement local mais général de sa mémoire, et de l'intérêt majeur encore que soulève l'usage ou plutôt l'abus qui en est fait dans les conflits de doctrines et de partis où nous nous agitons si stérilement à cette heure, à la grande joie de nos communs ennemis. Je n'ai pu dès lors me borner à la tâche de chroniqueur bordelais dont j'avais reçu de vous la première inspiration. Elle s'est étendue d'elle-même sous ma plume avec son sujet, qui lui-même m'y a intérieurement sollicité. J'ai dû le dégager de ce libéralisme doctrinal de nos jours, qui s'en est prévalu plus que gratuitement s'il est vrai, ce que je crois pouvoir mettre hors de doute, que Lacordaire l'a hautement condamné : préjugé qu'il importe d'autant plus de redresser qu'il n'a vécu jusqu'ici que de notre silence laissant s'en produire la pure allégation, dont l'intempérance n'a pu suppléer la preuve.

Ayant eu l'honneur d'en conférer avec vous, j'ai été heureux de vous entendre me répondre aussitôt : que votre première demande n'impliquait aucune limite à ma liberté ; que loin de regretter son extension au redressement de l'opinion fâcheuse pour lui, dommageable pour nous, qu'on a laissé s'établir sur le P. Lacordaire à cet égard, cette loyale critique vous paraissait aussi opportune qu'elle était amenée obligatoirement pour nous, en quelque sorte, par l'historique de la première prédication Dominicaine de Lacordaire à Bordeaux comme par son ouverture, qui en acquerrait elle-même plus d'importance.

Sans promettre beaucoup, j'userai donc ici de cette liberté de la vérité, au courant de mes souvenirs, de mes impressions et de mes appréciations sur tout ce qui regarde le P. Lacordaire : sa première prédication Dominicaine, son Œuvre, son Ecole, son prétendu libéralisme : le tout comme fondu en un seul discours.

A vrai dire, c'est le dernier point de ma tâche qui m'aura déterminé. Mais elle y tournera d'autant mieux que je ne m'y serai pas borné et renfermé comme dans une thèse. Outre en effet que l'intérêt, si je n'y ai pas été trop inférieur, n'en sera que plus grand, la conclusion, en ce qui a trait à la question libérale, n'en sera que plus forte : soit parce que cette conclusion abondera, s'accentuant de plus en plus jusqu'à la fin, de l'œuvre et de la vie de Lacordaire : soit parce qu'elle s'y dégagera, comme d'elle-même, de tous les ombrages et difficultés que ses écrits et sa conduite insuffisamment appréciés, faute d'être éprouvés au creuset d'une saine et large critique, auraient pu faire concevoir d'une des plus grandes figures qui aient honoré la France et glorifié l'Eglise en ce siècle.

Ce que j'ai particulièrement à cœur de reconnaître et de dire ici, Monsieur l'Abbé, c'est que c'est à votre initiative que cette Etude doit être rapportée, et que c'est de concert avec vous qu'elle a pris son développement.

Veuillez agréer, Monsieur l'Abbé et honoré compatriote, avec l'expression de ma gratitude, l'assurance de tous mes sentiments de respectueuse et bien cordiale considération.

Auguste Nicolas.

Arcachon, septembre 1881.

Nous ne croyons pas nous tromper en jugeant que depuis le jour déjà reculé, où pour répondre à une bienveillante invitation particulière, comme on le voit par la lettre qui précède, nous avons entrepris l'Écrit que nous publions intégralement aujourd'hui, il n'a fait que croître en opportunité, par les circonstances mêmes de ce retard, comme se trouvant répondre à un désir latent mais profond de la conscience catholique et française de voir la mémoire en souffrance du R. P. Lacordaire reconnue dans tous les droits qu'elle a au respect, à l'admiration et à la reconnaissance de notre âge, sans parler de la postérité, où une plus haute Justice lui garde sa place.

« Trop de tempêtes ont assailli ma barque pour qu'on « juge encore comment je l'ai gouvernée, » écrivait-il lui-même quelque temps avant sa mort. — Cependant, de l'intégrité de sa doctrine, ce qui est bien quelque chose, il ne saurait être aucunement question après le verdict de Rome si hautement affirmé, dans son oraison funèbre, par son Éminence le cardinal Donnet.

Il est vrai que quelques-uns de ses faux disciples, heureusement disparus pour faire place à de plus dignes, ont donné prise à la critique. Mais il en a été fait justice; et justice par comparaison à qui ? A lui-même, qui en est ressorti d'autant mieux apprécié.

Dans un article très remarqué de la *Revue du Monde catholique* du 1er octobre 1884, époque où nous venions nous-même d'entreprendre cette *Étude*, article intitulé :

— VIII —

Le naturalisme dans la prédication contemporaine et le P. Lacordaire, le P. Fontaine, de la Société de Jésus, disait :

« Le P. Lacordaire est arrivé de son vivant à la
« renommée la plus retentissante; une gloire plus as-
« surée et plus tranquille s'est levée sur sa tombe.
« Des critiques acerbes furent dirigées contre son en-
« seignement; aujourd'hui ces critiques se sont tues
« pour faire place à une admiration presque unanime.
« Un nuage cependant plane encore sur sa mémoire :
« quelques-uns se demandent si lui-même ne fut pas
« atteint de ce naturalisme que nous avons étudié jus-
« qu'ici... » L'auteur l'en disculpe ensuite entièrement
en justifiant de tout point cette assertion : « Une grande
« vie surnaturelle, tranchons le mot, *une véritable*
« *sainteté* a préservé le P. Lacordaire du naturalisme
« reproché à ses faux imitateurs. De plus son ensei-
« gnement fut trop *théologique* pour ne pas être sur-
« naturel. » — Enfin il termine ainsi : « L'heure est
« venue de briser la fausse solidarité que l'on voudrait
« établir entre l'illustre Dominicain et l'école natura-
« liste... L'un a toute nos admirations et notre vive
« et sincère reconnaissance. L'autre ne provoquera ja-
« mais que les énergiques réprobations de notre con-
« science attristée. »

Ce qu'un critique aussi autorisé par le caractère et la compétence faisait, en si bons termes, par rapport au prétendu *naturalisme* du P. Lacordaire, c'est ce que nous entreprenions dans le même temps par rapport à son prétendu *libéralisme* : deux erreurs qui se touchent de si près qu'elles n'en font qu'une; car qu'est le libéralisme que le naturalisme dans les choses politiques et sociales ? Et nous donc nous venons dire pareillement : *L'heure est venue* de briser la fausse solidarité que l'on voudrait établir entre l'illustre Dominicain et l'*École libérale.*

Plus spécialement, a-t-on jamais, dans toute l'œuvre apologétique du P. Lacordaire, relevé une seule proposition entachée de ce libéralisme doctrinal dont il est si impitoyablement taxé comme à l'envi de sa gloire, fût-ce au détriment de son bienfait ? — Nous sommes encore à l'apprendre. — Pour nous, le résultat de cette *Étude* aura été que non seulement il a été exempt de cette erreur, mais qu'il lui a été plutôt redoutable; si bien que nous nous sommes armés de lui contre elle.

Mais voici :

On ne peut disconvenir qu'il n'y ait deux tendances, pour ne plus dire deux écoles au service d'un zèle unanime de sauver notre malheureuse société : l'une qui, suivant la méthode *similia similibus,* singulièrement transposée de l'ordre physique à l'ordre moral, pactise avec le mal pour avoir prise sur le malade, sans tenir le compte voulu des divins principes de sa guérison; l'autre qui, suivant la méthode *contraria contrariis,* est jalouse à bon droit de sauvegarder ces principes, mais croit que si on les faisait agréer au malade ils perdraient de leur vertu contre le mal. Chez ceux-là, erreur capitale de doctrine; chez ceux-ci, erreur regrettable de conduite; et entre les deux, le mal empirant.

Or le P. Lacordaire s'est soustrait à l'une et à l'autre de ces tendances et, s'élevant au-dessus, il a entrepris de résoudre le problème de l'Apologétique en ce siècle sans donner dans l'erreur de chacune d'elles. Il s'est exposé, il est vrai, par là à se trouver entre l'éloge compromettant des uns et la suspicion injurieuse des autres; mais il s'y est trouvé avec la Justice et la Vérité dont la cause devenant la sienne ne peut manquer de lui rallier les esprits droits et les cœurs sincères.

D'autant qu'il a réussi, réussi dans des proportions prodigieuses. Tout autre, peut-être, eût échoué à sa place; car il y fallait du génie et de la sainteté. Mais est-ce une raison d'ostracisme, à moins que ce ne soit de celui d'Aristide? Chacun de nous ne doit-il pas plutôt en faire son profit?

Nous en étions là de cet Avant-propos, lorsque, comme à son appui, un remarquable enseignement est venu se produire dans un milieu des plus dignes, autant que des plus propres à le faire ressortir :

Dans l'assemblée générale de l'*Œuvre des Cercles catholiques d'ouvriers* qui vient de se tenir à Paris, œuvre de salut social s'il en fût et au-dessus de nos éloges, il a été résolu que, à l'instar du Congrès catholique de Rouen, mais à un autre point de vue, on constituerait une commission d'Apologétique devant se proposer : « l'Etude de *l'Eglise considérée dans ses* « *rapports avec la société humaine avec la famille et* « *avec les Etats.* » — Ce à quoi précisément et littéralement le P. Lacordaire a consacré dix ans de ses conférences de Notre-Dame. — A ce propos, le recommandable rapporteur de ce projet a évoqué « les grands « apologistes de notre temps : le grand abbé de Soles- « mes, dom Guéranger; le cardinal Pie, le grand évêque « de ce siècle, dont l'*Histoire* vient d'être si bien écrite; « le comte Joseph de Maistre et Louis Veuillot. » — Tous noms, on ne saurait en douter, auxquels nous n'aurions pas ménagé nos applaudissements. — Puis le rapport concluait à « travailler sur la base de cette « vérité historique : la supériorité chrétienne au Moyen « Age... »

Qu'on nous permette ici, comme à part nous, une réflexion qui aura au moins le mérite de la sincérité. Cela n'est-il pas un peu trop *fermé*? Est-ce bien *complet* comme programme d'apologétique à notre époque, à ce point qu'il faille s'y borner? Enfin les grands apologistes de notre temps qui y sont si justement renommés y auraient-ils été moins à l'aise sans une omission, pour ne pas dire plus, que des circonstances récentes peuvent faire paraître d'autant plus regrettable?

Toujours est-il que, par une surprise accordée à l'assemblée, un de nos évêques, de grand sens, de forte doctrine et de parole toujours désirée, Mgr Bourret, évêque de Rodez, survenu au cours de la séance, a satisfait l'attente générale en s'exprimant substantiellement de cette sorte : Après avoir manifesté son admiration de se trouver au sein d'une réunion si nombreuse et en avoir tiré cette conclusion qu'un siècle qui peut encore produire de telles œuvres et de tels hommes n'est pas condamné à mort, Sa Grandeur a ajouté : « Les œuvres ne manquent pas, on en rencontre partout : mais trop souvent on n'y trouve que des indications de remèdes. C'est quelque chose sans doute; mais ce ne sont pas les indicateurs de remèdes qui sauveront le monde. M. Blanc de Saint-Bonnet a dit quelque part que le grand bienfaiteur des temps modernes ne sera pas celui qui indiquera le remède, mais celui qui le fera prendre à un malade qui n'en veut pas... »

Ce *grand bienfaiteur des temps modernes* ne serait-il pas

le P. Lacordaire ? De fait, n'est-il pas celui qui a su faire *prendre le remède au malade* jusqu'à transformer, durant vingt ans, nos plus vastes basiliques en *dispensaires* où, par un art à lui, il a attiré, enchanté et finalement fait revenir à de meilleures conditions de santé et de salut les plus désespérés et les plus perdus? Ne lui sommes-nous pas en grande partie redevables de ces grandes et belles œuvres catholiques, qui, à commencer par celle de *Saint Vincent de Paul* née de son souffle, sont, à l'heure qu'il est, l'honneur et l'espoir de notre âge ?

Le nouvel Hilaire, dont l'*Histoire* charme autant qu'elle éclaire et fortifie tous ses lecteurs et le ressuscite si opportunément à cette heure, ne saurait être suspect de complaisance au regard du P. Lacordaire, lui dont il y est dit : « L'Apologétique chrétienne, depuis 1835, « était entrée dans une nouvelle phase qu'avait parcourue, avec un éclat sans égal, le génie oratoire de l'abbé « Lacordaire. *J'ai le regret* de dire que l'esprit éminemment classique de l'abbé Pie était peu sympathique aux « hardiesses de cette grande mais aventureuse parole. Il « procède plutôt de Mgr Frayssinous dont l'évêque de Chartres, son compatriote et son ami d'enfance, avait des préférences secrètement justifiées par la communauté de « leurs principes politiques et de leurs goûts littéraires. » Mais combien ce *regret* ne tourne-t-il pas à l'honneur de Mgr Pie, lorsque, Lacordaire mort et le grand évêque étant devenu un plus mûr appréciateur des hommes et des choses, il se hâta d'écrire aux dominicains de Sorèze : « Je joins mes prières à celles qui sont faites pour ce grand « Religieux par tous les vrais chrétiens. Il n'en est aucun « qui ne se sente débiteur envers l'orateur éminent qui a

« profondément agi sur la génération présente et si puis-
« samment contribué au réveil religieux dans les âmes. » Et
son digne historien d'en tirer cette leçon : « Mgr Pie aime
« la vérité comme il aime l'équité ; elles sont au-dessus de
« tout. »

Ce n'est pas que l'évêque de Poitiers ne tînt grand compte
des conditions doctrinales de l'apostolat catholique, conditions dont l'omission, si elle se fût rencontrée dans le P. Lacordaire, eût certainement atténué ce complet éloge.
Tant s'en faut ; car c'est au même temps où, dans sa *Seconde instruction synodale sur les erreurs du temps,* il
disait : « La société moderne a les entrailles rongées par
« un mal terrible qui peut la précipiter au tombeau. Méde-
« cins appelés auprès du malade ne commettons pas le
« crime d'obéir à ses fantaisies en délayant le remède qui
« pourrait le guérir. » Mais il avait l'âme trop pastorale
pour ne pas ajouter aussitôt : « Le miel au bord de la
« coupe, à la bonne heure. »

A la bonne heure, en effet : oui. *Le miel au bord de la
coupe;* mais, ajoutons nous-même non moins aussitôt :
sans nul préjudice de l'intégrité du remède au fond. Double
condition que le P. Lacordaire a su si bien égaler que c'est
bien de lui qu'on peut dire : *Omne tulit punctum... Delec-
tando pariterque monendo ;* ce qui lui fait un genre de
supériorité qui l'isole, peut-on dire, dans son exceptionnel
mérite.

Loin de se nuire, ces deux conditions ont été chez lui en
raison l'une de l'autre. Son ardent amour pour Jésus-Christ
dans son Eglise et par son Eglise, qu'il n'en disjoignit jamais, fut toujours pour lui comme une attache inébran-
lable, pour mieux se jeter, comme à corps perdu, au sauve-
tage de son siècle et l'y ramener, par la liberté autant que

par la fidélité catholique de sa parole. Son œuvre apostolique et monastique n'a pas eu d'autre inspiration ni d'autre but. Il fut *Romain* pour en être mieux Français. Il le fut du premier jour, dès avant bien de ceux qui alors s'en écartaient et n'y sont revenus que depuis. Il le fut même par anticipation de tous les grands enseignements doctrinaux qui nous ont appris à l'être dans le cours d'un demi siècle jusqu'à celui qui vient de les couronner en les confirmant de son Sceau.

Pour tout dire en deux mots dont la vérité éclatera de cette *Étude* le P. Lacordaire fut l'apôtre de l'Encyclique *Mirari vos* et le prophète de l'Encyclique *Immortale Dei*.

Le divin Maître montrant à ses apôtres les campagnes déjà blanches pour la moisson évangélique à laquelle il allait les envoyer jusqu'à la fin des temps, ne le fit pas sans leur rappeler les mérites de leurs devanciers, les prophètes, avec qui ils auraient à en partager l'honneur. « Car ce « que l'on dit d'ordinaire est vrai en cette rencontre, que « l'un sème et que l'autre moissonne, » leur dit-il. « Je vous « envoie moissonner ce qui n'est pas venu par votre labeur; « d'autres ont travaillé et vous entrez dans leurs travaux. « Ce qui soit afin que celui qui sème ait récompense et joie « aussi bien que celui qui moissonne, *ut et qui seminat,* « *simul gaudeat et qui metit* (1). »

C'est ce que nous venons demander pour le grand Frère Semeur Lacordaire.

Il a semé, en effet, de si haut et si avant, que les plus

____

(1) *Jean*, IV. 36, 37, 38.

méritants d'entre nous à cette heure ne font qu'*entrer dans ses travaux*. C'est ce que nous nous sommes proposé de montrer dans cet Écrit ; comme si lui-même revenait nous l'apprendre avec cette éloquence de parole et d'action que nous n'avons plus, mais qui respire encore assez pour émouvoir et pour convaincre les plus prévenus, en des pages que le temps n'effacera jamais.

Tardive réparation ! dira-t-on peut-être. Oui ; mais qui, pour être tardive, n'en est précisément que plus justifiée et que plus opportune comme arrivant de plus longue date à son heure : à cette heure de catastrophe sociale, dont l'incomparable Orateur, en pleine illusion libérale, signalait en même temps la cause « dans l'apostasie publique de l'Évangile et de l'Église, » et le remède « dans le pouvoir chrétien. »

Que s'il en est ainsi, le reconnaître ne suffira pas : ce sera à faire amende honorable à sa mémoire.

A. N.

Avril 1886.

CHAPITRE PREMIER

**Premières Stations Dominicaines du P. Lacordaire
à Bordeaux.**

En 1841, le nom de Lacordaire était totalement
éclipsé, à Bordeaux plus qu'ailleurs, et on était loin
de se douter que cette brillante Corinthe d'affaires,
de luxe et d'agrément, serait l'horizon où se
lèverait son astre monastique. Toutefois, il avait
couru, dix ans auparavant, de trop nobles ou
périlleuses aventures, soit dans son procès si jou-
nement soutenu avec Montalembert au sommet de
l'Etat pour sa prise de possession de la liberté d'enseignement, soit dans son ardente coopération au
journal l'*Avenir* avec M. de Lamennais et dans
la condamnation de cette œuvre à Rome, pour
qu'il nous fût inconnu. Mais de cela qu'était-il resté
pourson renom, que deux célèbres avortements ?

A mieux dire, il était resté deux choses, dont l'une pouvait faire tout craindre, et l'autre devait faire tout espérer de lui : l'alarme que pouvait faire concevoir un caractère si hardi et si facile à se laisser prendre aux apparences du bien ; la sécurité que devait inspirer une âme d'une si rare sincérité avec elle-même et d'une si grande force de volonté sur elle-même, que loin de ne pas recevoir le frein au plus fort de ses entraînements et enchantements, elle s'arrêtait court et tournait court jusqu'à le baiser avec humilité et avec amour. Epreuve insigne de son glorieux destin dont il devait toujours porter en lui la double marque ! Il la prolongea lui-même dans l'oubli, s'ensevelissant dans la soumission durant deux ans, après lesquels il mérita d'être appelé par son premier archevêque, Mgr de Quélen, à prendre pied, simple prêtre, dans la chaire de Notre-Dame de Paris, et à y faire entendre ses conférences de 1835 par où il marqua dès lors largement sa place.

Puis, il s'arrêta, il s'effaça, il disparut jusqu'en 1841 ; six ans ! comme s'il eût été avide d'obscurité et, pour ainsi parler, de recul devant sa destinée. Etait-ce donc encore un avortement? Non, c'était un enfantement. Toujours aux écoutes de la volonté de Dieu en lui, loin de se laisser éblouir par son premier succès, il y vit un levier pour une entreprise dans la gloire de laquelle il absorberait la sienne propre. Comme d'autres auraient rêvé la pourpre — qu'il ne tint qu'à lui d'atteindre comme nous l'apprend le P. Chocarne, — il ambitionna la bure, et il conçut ce colossal défi jeté au monde moderne en France de la lui faire non seulement accepter, mais applaudir et exalter jusqu'à l'enthousiasme. Et dans cette folle entreprise, il devait réussir jusqu'à faire, quarante ans après, un crime d'Etat de sa proscription ! Mais, pour cela, les plus grandes difficultés furent à Rome, siège de la prudence et du discernement, mais aussi des magnanimes résolutions. Enfin, après maintes épreuves qui ne lassèrent pas plus sa docilité que son courage, il les surmonta, Dieu aidant, soit par le premier grand gage de sa filiale soumission dans l'affaire de l'*Avenir*, soit par d'autres que, dans sa parfaite liberté et loyauté, il n'hésita pas à donner et auxquels il fut toujours fidèle.

Tout cela était ignoré du monde et comme à l'état de chrysalide ; les couvents de la Minerve, de Sainte-Sabine, de la Quercia, de Bosco, à Rome et en Italie, en contenaient seuls le laborieux et héroïque secret. Il se révéla soudain par un *Mémoire sur le rétablissement de l'Ordre des Frères-Prêcheurs en France,* d'une fraîcheur de touche charmante, débutant par cette simple adresse : *Mon Pays,* et où, se fondant sur la liberté du bien, dont il réclamait sa part de citoyen, il entreprenait de prendre le siècle le plus dévoyé par les avances les plus risquées pour le ramener, sous le plus séduisant renouveau de jeunesse, à l'éternelle foi. Et pour que la vérité n'y perdît rien, pour qu'on ne se méprît pas sur l'esprit de sa loyale démarche, il publiait, en même temps, une *Vie de saint Dominique,* où, loin d'écarter la légende, il s'en enveloppait. Il partait ainsi du treizième siècle pour aborder notre dix-neuvième. Assurément, c'était bien correctement catholique et monastique ; mais aussi c'était hardiment français.

L'effet en fut heureux ; on fut interdit, touché et comme amorcé par la curiosité, l'honneur, l'intérêt ; peut-être aussi, chez quelques-uns, par le secret espoir d'un généreux échec.

Restait, en effet, la mise à exécution. Par où allait-elle commencer ? Par où ce revenant du moyen âge allait-il faire son entrée en cette terre de France où les funérailles du christianisme se préparaient ? Par Marseille, Lyon, Dijon, Toulouse, sans doute ; villes à l'enthousiasme facile ou à la foi persistante, et qui s'offraient d'elles-mêmes sur son chemin ? Non, par Bordeaux. Et pourquoi ? par quel singulier écart ? En attendant que Lacordaire, après l'avoir éprouvé, nous le dise, demandons-le à l'événement et à Bordeaux lui même.

Sa personne y apparut sous tous les aspects de son entreprise et elle aurait au moins intéressé les plus indifférents. Comment vous la peindre si son image n'eût été fixée dès lors ? La pureté de son haut front vertical à double plan ; le feu profond de ses yeux aux larges regards ; son nez aquilin aux narines dilatées par le souffle de son âme comme pour que sa bouche aux lèvres généreuses, mais fermées par la réflexion, n'eût à s'ouvrir que pour la parole ; la coupe ovale et encore juvénile de son visage, relevée par la blancheur diaphane de son teint ; la distinction native et correcte de toutes ses manières, reposant sur une force contenue et bienveillante qui se réserve pour les surprises du discours; je ne sais quoi, enfin, dans toute sa personne, de moderne et d'ancien, et, pour ainsi parler, de séculièrement religieux, comme un ressuscité assis sur son tombeau : tel le crayon de Flandrin l'avait saisi dans un portrait qu'il laissa à plusieurs d'entre nous et qui fit date.

Un des premiers, il me fut donné de le voir par hasard à Bordeaux avant qu'il s'y fût fait entendre. Il m'effraya par son apostolique confiance en son succès, comme s'il en avait la vision, tant il jouait, pour ainsi parler, le tout pour le tout dans les préparatifs. Comme je traversais, par la porte de Rohan, la nef de notre cathédrale, il m'y apparut dans la blancheur immaculée de sa robe parmi de nombreux ouvriers charpentiers.

Cette nef, la plus spacieuse de toutes les nefs centrales de France, et où tant de réputations oratoires ont fait naufrage, lui paraissait trop étroite. Il l'élargissait, peut-on dire, de ses gestes assurés, désignant aux ouvriers comment il fallait la doubler par de vastes gradins en amphithéâtre du côté de la porte et par des tribunes tout le long. — Si tous ces accroissements, me dis-je, restent du premier jour à peu près vides, quel mécompte de présomption dans l'effet produit ! — Mais non ; du premier jour, comme par une mystérieuse intelligence du public bordelais avec l'orateur, tous ces espaces regorgèrent de monde et de monde d'élite, en majorité indévot. J'eus peine à y trouver une place, d'où j'entends encore, dans le plus profond silence de ces cinq mille auditeurs, tendus vers lui d'avide curiosité, le timbre clair de sa voix, solennelle par l'étendue de sa portée mesurée du premier jour sur celle de l'auditoire où elle finissait en mode mineur, les déjouer par cette apostolique parole se ressentant de celle de saint Paul à Athènes : *Je ne vous apporte rien de nouveau !...*

De nouveau, il n'en fut jamais, en effet, dans le fond doctrinal des conférences de Lacordaire, comme on peut en juger, à l'honneur de son orthodoxie, par la lecture réfléchie de ses immortels discours. Mais, à leur audition, combien le genre de son éloquence ne sortait-il pas des ornières où la parole sainte avait fini par s'user après Bossuet! combien ne donnait-il par prise à l'étonnement, à l'inquiétude, à l'alarme, à l'effroi parmi maints vénérables vétérans attardés de la chaire! Mais, rénovateur plutôt que novateur, ne fallait-il pas qu'il le fût de la sorte pour rattrapper, ressaisir, ramener un siècle qui allait secouant la tête et se riant de la foi? Toujours est-il que c'est par là qu'il charmait et enlevait ses auditeurs.

Ce spectacle de la parole humaine sous un froc de moine, en nos temps modernes, était alors prodigieux, autant que par la seule puissance de cette parole il devait devenir ordinaire. La société bordelaise tout entière s'y pressait. Les gradins en amphithéàtre du côté de la porte

y étaient exclusivement réservés aux dames,
nulle autre part, depuis, aussi bien partagées,
et faisaient ressortir, par le voyant contraste de
cette séparation, tout le vaste espace de la nef
et des tribunes longitudinales occupé par les
hommes, non jeunes seulement, mais en plus
grande partie d'âge mûr, dont les derniers rangs
se perdaient indéfiniment vers le chœur. Tout le
nombreux clergé, dans ses dignitaires, sous la
présidence de son vénéré Cardinal, siégeait en
face de la chaire, au milieu. Toutes ces âmes,
enlevées ainsi au négoce, à la finance, à l'admi-
nistration, à la magistrature, au barreau, à
l'armée, aux lettres, aux plaisirs, dans la patrie
de Montaigne et de Montesquieu, et étonnées
d'abord de se rencontrer ensemble sous ces voûtes
sacrées à la plupart si étrangères, rendaient
bientôt un son merveilleux de sympathique impression au souffle de cette magique éloquence,
et ondulaient sous elle, par instants, comme les
cimes d'une forêt ou les vagues d'un océan.

Et cette impression ne se dissipait pas à l'air

du siècle en sortant de là ; elle était emportée, se dilatait et se prolongeait, par toute la cité, d'une conférence à l'autre, dans les salons, les comptoirs, les prétoires, les casernes, les cercles, les théâtres même, et Bordeaux se trouvait transformé en un vaste Athénée religieux dont l'église primatiale de Saint-André était comme l'affluent et le refluent. Tout le département, les départements voisins même, Agen, Périgueux, Angoulême, y envoyèrent bientôt leur tribut d'élite. Ce devint, par un rapport d'affinité d'un tel milieu avec le grand orateur qui en avait, peut-être, eu l'instinct en en faisant le choix, comme une fête hospitalière de bienvenue donnée à l'éloquence par cette Gironde qui en fut, dans tous les genres, l'heureux climat. Aussi, lui-même, se remémorant, plus tard, tous les triomphes de sa parole, même ceux de Notre-Dame de Paris et de Saint-Etienne de Toulouse, devait-il dire que celui de Bordeaux lui était resté le plus cher : « Bor-« deaux, écrivait-il à l'un de nous, est un point « qui restera toujours comme une étoile à l'ho-

« rizon de ma vie; non à cause de l'éclat dont
« la Providence m'y a un moment entouré, mais
« à cause de la bonté unanime qu'on m'y a
« montrée. Je ne puis espérer nulle part un
« accueil plus sincère, plus cordial, plus doux à
« ressentir et à se rappeler. »

La Providence, en effet, semblait avoir ménagé
à l'illustre Frère Prêcheur, à ce point de départ
de sa résurrection monastique, la récompense de
l'abnégation par laquelle il s'y était préparé, et
l'encouragement que réclamait l'avenir hasardeux
de son entreprise, dans cette disposition de notre
cité à s'affecter des choses nobles, grandes, généreuses; disposition d'autant plus appréciable
qu'elle n'est pas banalement enthousiaste, et que
sa judicieuse urbanité ne s'émeut qu'à bon escient.
A cet égard, on peut dire que Bordeaux et
Lacordaire furent réciproquement dignes l'un de
l'autre. Deux circonstances vinrent plus particulièrement en témoigner.

Le pouvoir d'alors, réfractaire à toute liberté
de cet ordre, prit ombrage de ce froc auquel une

ville comme Bordeaux faisait un tel accueil. Mais cet accueil était déjà trop déclaré pour qu'on n'eût pas à compter avec lui. Un de ces expédients mi-parti, coutumiers à ce régime, fut alors imaginé. Lacordaire fut invité à voiler d'un rochet sa robe de Dominicain. Mais le blanc mat de celle-ci, sous le brillant transparent de celui-là ne rendit l'effet que plus lumineux et que plus piquant. L'orateur apparut alors à son auditoire comme le jeune Daniel, prophétisant à Babylone les révolutions des empires et le retour de la captivité; si bien que, moins séditieuse, la robe reprit bientôt le dessus. On en sourit plaisamment à Bordeaux, se disant que si l'habit ne fait pas toujours le moine, le moine ici faisait parfaitement l'habit, et que si le pavillon n'y couvrait pas à la rigueur la marchandise, la marchandise était plus que de prix à faire passer et saluer le pavillon. On sait d'ailleurs quelle revanche de ce procédé Lacordaire devait prendre bientôt à Paris même, lorsque son éloquence, renouvelant le fabuleux prodige de celle d'Orphée, attira à ses pieds, au banc d'œuvre de Notre-Dame, les ministres de ce même pouvoir qui avait cru l'interloquer ainsi à Bordeaux.

La sympathie publique ne fit que s'en accroître dans notre intelligente cité, et elle y était à son comble, lorsque un nouvel incident la fit éclater. Un coup de sifflet universitaire vint percer cet universel concert de son aigreur. Il était d'un tout jeune professeur de philosophie au lycée de Bordeaux dont il avait été naguère l'élève, et qui, nourrisson de M. Cousin, s'en faisait ainsi l'*enfant terrible*. J'ai nommé M. Bersot. Dans un factum de lui, publié par l'*Indicateur*, prétendant, sous forme de « Critique du P. Lacordaire », régenter le sentiment public, il terminait par ce mot de l'esclave d'Horace, auquel on avait fait avaler force gâteaux : *J'ai faim de pain !* — Hélas ! c'est bien à son Université qu'il a eu à le dire depuis, lorsque, repu par elle de toutes les faveurs académiques, il est mort, Directeur de l'Ecole normale supérieure, sceptique et désolé comme Jouffroy, dont il n'eut d'ailleurs jamais l'étoffe ni les nobles tourments, la faim ! — Quoi qu'il en soit, sa critique, alors, fut des plus heureuses au succès de Lacordaire en y mettant le sceau, par le discrédit et la protestation générale qu'elle rencontra. Rien ne le témoigna davantage — après la fine plume universitaire d'un maître tel que notre cher et vénéré M. Dabas — que la défense de l'orateur chrétien dans un journal de commerce de la cité par un Israélite fort connu depuis dans la presse parisienne, M. Solar.

Je ne puis taire ici — non seulement comme historien bordelais de Lacordaire, mais encore comme bénéficiaire de cette polémique — la part que je fus amené à y prendre. M. Bersot essaya de répondre. Simple et obscur auditeur de Lacordaire, mais poussé par la conscience émue de la vérité, j'intervins pour la réplique, dans *la Guienne,* par une série d'articles qui intriguèrent d'autant plus l'attention que j'y réservai ma signature pour la fin. Je n'eus pas de peine à montrer que c'était faute de hauteur de vue que le jeune apprenti philosophe n'avait pas aperçu dans les Conférences le vrai *pain* qui était au fond, et surtout que c’était par jalouse envie du goût public pour ce céleste aliment qu’il en dénigrait l’éloquent Apôtre. Finalement, M. Bersot fut obligé de quitter la place. Je suis heureux d’ajouter que ce fut (n’ayant pas affaire à des maîtres ingrats) à son profit plutôt qu’à son détriment (1).

Chose étrange de l’enchaînement des causes, ou plutôt des attentions et intentions de cette Providence, fût-ce *pour le moindre passereau sur le bord du toit*, le P. Lacordaire fut très touché de mon intervention. Sans me connaître autrement que par ce petit écrit, il augura favorablement d’un autre auquel je me livrais en secret depuis trois années et dont il voulut bien être le premier confident. Sans avoir le temps d’en prendre la moindre connaissance, il m’encouragea hardiment à le publier, et son souffle apostolique en enleva les feuilles sous ma plume. C’est à l’incident Bersot seul que doivent être ainsi rapportées l’*imposition*

----

(1) « Bersot fut nommé professeur de philosophie au collège de « Versailles, » dit son sympathique biographe, M. Edmond Schérer. « J’ignore s’il eût préféré Bordeaux, mais on avouera que, tout « compte fait, il avait été traité avec une attention marquée, et « je suis persuadé qu’il le sentit. »

par le grand orateur aux *Etudes philosophiques sur le Christianisme* et l'impulsion qu'il leur donna sur le courant d'émotion religieuse qu'il laissait lui-même dans la Gironde, où elles parurent successivement par simples livraisons à mesure que j'achevais de les composer : ainsi pourrait-on les appeler, avec quelque vérité, les filles adoptives des Conférences.

On sait l'accueil qu'il leur fit, à deux ans de là, en leur ouvrant les grandes portes de la publicité par cette *lettre* de noblesse où il daigna jeter sur elles comme un reflet de sa gloire. « Je vous « mis presque la plume à la main, y dit-il; et « peut-être devrais-je m'en taire aujourd'hui que « le livre a paru et qu'il revient à moi comme « un enfant mûri par l'âge, la gloire et la vertu « à l'ami de son père... Il me ramène à ces jours « de Bordeaux, jours si vite écoulés, mais par « votre livre rajeunis en m'apportant un parfum « de cette terre toujours féconde en hommes (1). »

(1) Cette *lettre*, qui a les proportions d'un écrit, et des meilleurs de Lacordaire, n'a pas été insérée dans ses Œuvres. Il faut avoir les *Etudes* pour la connaître, bien qu'elle ait été faite et publiée spontanément par lui pour qu'on les eût.

Que ce souvenir, en ce qu'il peut m'avoir de trop
personnel, me soit pardonné, en faveur de cette
terre maternelle à qui j'en dois plus que le
partage.

Lacordaire lui-même ne fut pas sans lui devoir
en partie son succès. « L'émotion et l'enthousiasme
« de cet immense auditoire », a écrit le P. Chocarne,
« élevèrent l'orateur au-dessus de lui-même. »
Comme un soleil levant, il grandissait à chacune de
ses conférences. Moins correctes que celles de Paris,
et surtout que celles de Toulouse, qui l'étaient
peut-être trop, elles étaient plus inspirées. Aussi,
n'ont-elles pas été livrées à l'impression, ni même
sténographiées : on était tout à leur audition. Toutefois, cela même leur valut d'être retracées, par
un phénomène qui mérite d'être rapporté. On peut
dire qu'elles se sténographièrent elles-mêmes dans
un de leurs auditeurs, des mieux faits, il est vrai,
pour en recevoir l'impression, et qui, au sortir de
chacune d'elles, en restait possédé jusqu'à ne pouvoir, la nuit venue, trouver le sommeil. Il s'en
délivrait alors en les transcrivant de mémoire,

mais, si littéralement, que Lacordaire n'en revenait pas. Mémoire merveilleuse, dira-t-on. Sans doute; mais plus encore merveilleuse parole. C'était elle-même, en effet, comme nous le disait naguère cet honorable contemporain à qui nous demandions le secret d'une telle fidélité, qui retentissait en lui par une originalité de fond et de forme si adéquate, qu'à moins de ne s'en rappeler rien, il fallait s'en rappeler le tout (1). Mais, si exactement qu'elle ait été conservée ainsi en manuscrit, on peut dire qu'elle ne s'y retrouve que comme une fleur dans un herbier, tant elle y est pâle auprès de sa vivante audition dans le champ de sa production inspirée, et c'est bien de Lacordaire qu'il y a lieu de dire ce que Démosthène disait d'Eschine : *Que serait-ce donc si vous l'eussiez entendu lui-même?*

Il fallait l'entendre et le voir, en effet, après huit jours de suspension d'une conférence à l'autre, ou

(1) Que ce digne auditeur de Lacordaire, M. Jacquemet, frère de l'ancien pieux évêque de Nantes, et qui a si honorablement lui-même fourni toute la carrière d'ingénieur des ponts et chaussées dans la Gironde, soit remercié ici des encouragements par lui donnés à ce travail.

plutôt de respiration, comme s'il se fût agi d'une seule et même conférence en divers points successifs, où orateur et auditeurs n'auraient pas quitté la place, lorsque, les deux mains appuyées sur le bord de la chaire, le haut du corps en arrière, son œil d'aigle plongeant à fond, ses lèvres bridées comme un arc tendu, il reprenait possession de son public par ce fameux *Donc, Messieurs,* et ce large geste horizontal qui confirme d'ordinaire une conclusion décisive de tout le poids de ce qui a précédé, résumé par lui supérieurement. Quelle admirable entente se rétablissait alors entre lui et son auditoire, fondu pour ainsi parler de tant d'hommes divers en un, dans son avidité de le suivre !

Nous avons eu dernièrement l'illusion de ce spectacle, de la bouche de ce même ancien ami qui avait fixé jadis la lettre morte des conférences, mais qui, cette fois, la faisait revivre par une citation improvisée de mémoire à quarante-quatre ans d'intervalle, et où non plus seulement les termes, mais le son et les inflexions de voix de cette grande parole nous revenaient.

Voici cette citation, précédée de ses prémisses.

Le fait de la Rédemption faisant suite au fait de la chute et de la dégradation originelle de l'humanité, l'orateur de la chaire de Saint-André avait montré, dans sa septième conférence, que Jésus-Christ, désigné à ses enfants par Jacob mourant sous le titre magnifique de *Désiré des nations,* s'était préexisté. « L'homme, avait-il dit, vit dans le temps : il peut même, dans une certaine mesure, se survivre ; mais Dieu seul peut se préexister. » De grands faits de l'histoire du monde constatent cette préexistence de Jésus-Christ : 1º l'universalité des sacrifices chez tous les peuples prouve le besoin d'une expiation nécessaire et attendue ; 2º la constitution du peuple juif d'où devait sortir le Sauveur a eu pour but de faire remplir par ce peuple cette mission providentielle. — Or, huit jours après avoir prononcé cette septième conférence, Lacordaire monte en chaire et débute ainsi :

« Donc, Messieurs, sous l'empire de César
« Auguste, en pleine civilisation, au centre du
« monde, entre Memphis, Athènes et Rome, dans

« une petite ville de la Palestine appelée Bethléem,
« un enfant naquit sur la paille, dans l'écurie d'une
« auberge. Ses parents étaient de pauvres artisans.
« Pendant trente ans il vécut avec eux et comme
« eux du travail de ses mains donnant l'exemple de
« l'humilité, de la patience et de toutes les vertus.
« A trente ans il commença à faire des *signes* et à
« dire des choses qui ne s'étaient jamais dites
« avant lui. Ainsi il disait : Bienheureux sont les
« pauvres *de gré*, parce que le Royaume des cieux
« est à eux ! Bienheureux, etc., etc... »

Quelle manière de rappeler les titres de sa foi à
un siècle qui les a dispersés aux quatre vents du
ciel ! quelle majesté historique ! quelle exquise sim-
plicité évangélique ! quelle sublime tristesse de res-
souvenir du pays natal de l'âme chrétienne devant
faire dire à plusieurs : *Où donc ai-je entendu cela ?*
Pour nous, à ce fidèle écho de la parole de Lacordaire, répercutée jusque dans son accent, à près
d'un demi-siècle de distance par une mémoire qui
en revivait en la faisant revivre, nous fûmes pris
d'une irrésistible émotion. Nous comprîmes et admi-

râmes la magie apostolique qu'elle exerçait, non
seulement par la nature des pensées et des déduc-
tions, mais par le tour original que l'orateur, placé
en face d'hommes d'opinions si diverses, s'attachait
à donner à l'exposé des faits et par le choix des
expressions ayant pour but de ne pas heurter de
front leurs préjugés d'éducation, mais plutôt de les
prendre en deçà de leur ignorance pour mieux les
en faire revenir. Parler ainsi de Jésus-Christ après
dix-neuf siècles de son règne, durant lequel tout ce
qui a dépassé l'humanité de la tête l'a fléchie devant
Lui ; parler ainsi de Lui dans un de ses vieux temples usés par le culte de tant de générations, comme
de je ne sais quel inconnu, mais dans des termes
cependant qui, rien qu'en le racontant, impliquent
sa divinité, quel art délicat de toucher et de convaincre de son oubli, et d'arguer ce lamentable
oubli de reproche, bien plus qu'il ne l'eût été, à
l'égard d'un tel auditoire, par les invectives du zèle
le plus autorisé ! Qu'il y a loin, enfin, de cette prédication à celle de Bourdaloue ou de Bossuet, et
comme elle accuse, en le franchissant pour le com-

bler par un genre oratoire si moderne, l'abîme d'infidélité qui nous sépare d'eux !

Telles furent les deux premières stations Dominicaines (de l'Avent de 1841 et du Carême de 1842) prêchées par le P. Lacordaire à Bordeaux, où, par cette prolongation de séjour et d'apostolat, toujours soutenu par le même concours, il sembla avoir pris droit de cité, et avoir voulu comme s'y tremper pour fournir la carrière générale de ses Conférences.

Pouvons-nous maintenant nous borner là et ne pas le suivre jusqu'au bout de cette carrière ? Pouvons-nous nous désintéresser de sa mémoire entrée dans la postérité et, la laissant à la merci de la partialité des revendications qui s'en emparent, ou des préjugés qui croient devoir la tenir en suspicion, nous abstenir de ce verdict sur elle qui compète à tous et qui importe tant à l'heure où nous sommes ?

Non, et moins que tous autres, nous qui, comme premiers nés de son apostolat, avons contracté envers lui, et la vérité en lui, une dette de justice et d'intérêt commun auquel nous ne saurions nous soustraire.

Après avoir donc satisfait à l'histoire de ses rapports avec notre cité, livrons-nous à l'appréciation générale de son Œuvre. *Paulo majora canamus.*

CHAPITRE II

___

L'Œuvre du P. Lacordaire.

Quelle a été la part d'influence exercée par le P. Lacordaire sur nos temps ? Quel a été d'abord le résultat pratique de son genre de prédication et sa véritable portée ; son œuvre apostolique ?

Lui-même a prévenu cette question et y a répondu en ces termes empreints de la plus humble confiance, et qui tranchent remarquablement avec les diverses formes d'orgueil sous lesquelles les écrivains de ce siècle se présentent d'ordinaire au public :

« On a demandé quel était le but de ces Confé-
« rences. Quel est, a-t-on dit, le but de cette parole
« singulière, moitié religieuse, moitié philosophi-

« que, qui affirme et qui débat et qui semble se
« jouer entre la terre et le ciel ? Son but, son but
« unique, quoique souvent elle ait atteint par de là,
« c'est de *préparer* les âmes à la foi, parce que la
« foi est le principe de l'espérance, de la charité et
« du salut, et que ce principe, affaibli en France
« par soixante ans d'une littérature corruptrice,
« aspire à y renaître et ne demande que l'ébranle-
« ment d'une parole amie, d'une parole qui supplie
« plus qu'elle ne commande, qui épargne plus
« qu'elle ne frappe, qui entr'ouvre l'horizon plus
« qu'elle ne le déchire, qui traite enfin avec l'intel-
« ligence et lui ménage la lumière comme on
« ménage la vie à un être malade et tendrement
« aimé (1)... »

Ainsi donc ce n'est nullement par fantaisie ni
recherche d'un genre d'éloquence à lui que cette
parole singulière de Lacordaire s'est produite. Il
se l'est proposée dans un but qui en a régi le mode,

(1) *Préface des Conférences de Notre-Dame de Paris* (1849).

et ce but est ce qu'il y a de plus digne et de plus
saint, — de moins personnel, étant ce qui peut se
concevoir de plus dévoué. — On peut même se
demander si, en s'exposant à la critique qui pouvait
lui revenir de cette singularité, il n'a pas volontairement sacrifié une autre gloire à celle de n'avoir
été que comme un arc-en-ciel *d'alliance* plus ou
moins éphémère en ses reflets. Mais non. il aura
l'une et l'autre, et le fond de ses conférences en fera
passer la forme à la postérité. autant que la forme
en a fait passer le fond dans ce siècle. Toujours
est-il que cette merveilleuse parole a été d'inspiration incontestablement *apostolique*, qu'elle se justi-
fiait par une mission toute spéciale et des mieux
appropriées aux exigences de nos temps, et que ce
Frère - Prêcheur, dans son miséricordieux amour
des âmes. a réduit sa gloire à en être le Frère-
Infirmier.

Comme il en est de toute mission de cet ordre, il y
était prédisposé par son génie, son caractère, ses
antécédents dans le monde, son faible même pour
certaines inclinations de son époque : mais tout cela

corrigé, épuré, rectifié, maîtrisé et sanctifié par la discipline la plus austère et tourné par la plus héroïque humilité, de péril en salut, de condescendance en remède. Ainsi, comme bien d'autres, il procédait littérairement de Chateaubriand, dont *les Martyrs* le charmaient, de même que Chateaubriand était ravi de son *Mémoire sur le rétablissement de l'Ordre des Frères-Prêcheurs* et de sa *Vie de saint Dominique*, et on aurait pu partager entre eux l'application de ces stances de Fontanes :

> Des grands peintres de l'Odyssée
> Tous les trésors te sont ouverts,
> Et dans ta prose cadencée
> Les soupirs de Cymodocée
> Ont la douceur des plus beaux vers.
>
> Aux regrets d'Eudore coupable
> Je trouve un charme différent ;
> Et tu joins, dans la même fable,
> Ce qu'Athènes a de plus aimable,
> Ce que Sion a de plus grand !

Mais ce qu'il faut se hâter de dire, c'est que dans Lacordaire on a affaire à un Chateaubriand mortifié, où la fable n'a rien à voir avec la science sacrée qui n'en souffre pas l'approche, où les vases d'or emportés d'Egypte sont exclusivement consacrés à la chaste Vérité, où Cymodocée enfin était son éloquence, et Eudore, ses auditeurs.

Aussi, continuant la Préface de ses Conférences, au point où nous l'avons laissée, pouvait-il ajouter, dans ce style où Châteaubriand ne se serait reconnu que pour en subir la haute impression : — « Si ce « but n'est pas pratique, qu'est-ce qui le sera sur la « terre ? Pour nous qui avons connu la douleur et le « charme de l'incrédulité, quand nous avons versé « une seule goutte de foi dans une âme tourmentée « de la magie de son absence, nous remercions et « bénissons Dieu. Appelé par le choix de deux « évêques dans la première chaire de l'Eglise de « France, j'y ai défendu la vérité comme j'ai pu, « avec un accent sincère du moins, et qui a touché « des âmes. Je publie aujourd'hui les paroles que « j'y disais. Elles arriveront au lecteur froides et « décolorées : mais quand, au soir de l'automne, « les feuilles tombent et gisent à terre, plus d'un « regard et d'une main les cherchent encore, et,

« fussent-elles dédaignées de tous, le vent peut
« les emporter et en préparer une couche à quel-
« que pauvre dont la Providence se souvient au
« ciel. »

La parole de Lacordaire a quelque chose du
chant, et on pourrait le qualifier d'orphique : ce
sont des accents. Comme David sur l'âme tourmentée de Saül, il a exercé par là une sainte
magie sur son temps ; temps malade, inférieur à
celui du grand siècle où les âmes étaient équili-
brées par la foi ; mais supérieur au nôtre où nous
avons perdu jusqu'au sentiment de cette même
maladie arrivée au *réalisme* le plus abject, et
dont on peut dire : *Cùm in profondum venerit
contemnit.* Laissons donc le vulgaire dans son
inintelligence d'une parole dont la beauté restera
et revivra à proportion de la dignité et de la
grandeur récupérées de l'âme humaine. Ce qu'on
ne peut du moins contester, c'est qu'elle n'était
pas factice dans Lacordaire, mais la plus naïve
expression de son apostolat, souffrant de ne pas
avoir atteint tout l'idéal qu'il en concevait.

Toutefois ne le prenons pas au mot de cette humilité de son génie, ou plutôt, en le prenant même au mot, apprécions tout ce que sa mission a eu de portée et nous a laissé de fruits.

Préparer les âmes à la foi a donc été le *but unique* de sa parole, nous dit-il. — Eh bien, oui ! mais *Parare vias Domini* n'a-ce pas été la fonction exclusive de l'humble précurseur dont la Vérité même a dit : *Non surrexit major ?* — Sans doute, restreinte à cet unique but, sa mission n'aurait pas eu la grande joie de l'Apostolat *direct*, la paternité particulière et personnelle des âmes ; et on est ému de l'entendre ajouter si modestement : *Quoique souvent elle ait atteint par de là.* Mais, pour être *indirect*, son Apostolat a-t-il été moins pratique, et n'a-t-il pas eu raison de le considérer, l'état des esprits étant donné, comme éminemment pratique ? Je n'hésite pas à affirmer que son influence ainsi caractérisée a été immense, et dans le double sens de l'expression, *indéfinie*.

Ce sentiment a été rendu par un mot des plus heureux dans sa justesse. Comparant le P. de Ravignan à Lacordaire, Mme Swetchine, sainte amie de tous les deux, a dit : *Le P. de Ravignan plongeait les pécheurs dans la piscine ; Lacordaire était l'ange qui remuait les eaux.* Cet angélique ministère d'où dépendait l'efficacité surnaturelle des eaux de la piscine de Siloë, et dont le Christ seul put suppléer le miracle à l'égard du paralytique de l'Evangile, a été admirablement celui de Lacordaire. Oui, il a largement remué les eaux stagnantes de la vérité, dans l'opinion de son siècle. Il en a fait étinceler les ondes et il en a avivé les vertus. Le premier, et on pourrait même dire le seul, il a fait entrer l'incrédulité la plus outrecuidante et de parti pris en doute et en inquiétude d'elle-même. Il a fait affluer ses plus obstinés adhérents et ses enfants les plus perdus, et il a rempli d'eux nos plus grandes basiliques, entourées jusque-là de dérision. Il s'y est fait religieusement écouter, admirer, jusqu'à devoir réprimer les applaudisse-

ments comme à un spectacle ; mais spectacle où,
pris à partie, les acteurs n'étaient autres que les
auditeurs mêmes et la Vérité en eux. Et cela en
des jours où les sages et les prudents étaient à
bout de freins pour les contenir dans les rues, et
en étaient à chercher lamentablement dans leurs
chaires une *nouvelle religion* ; tant celle qu'il
relevait ainsi leur paraissait *finie!* Il arriva même
un jour, jour à jamais historique, où le trône
sans Dieu de ceux-ci, emporté en une heure par
un souffle de révolution, la seule épave qui en
fût recueillie avec respect et religieusement portée
par le peuple, d'un oratoire secret à la basilique
nationale, à travers les rues soulevées de la cité,
fut l'image de ce même Dieu dont Lacordaire
avait refait la croyance dans les âmes. Il se défendit
alors, comme d'une injure à ses auditeurs, de rien
ajouter à ce tragique témoignage de foi populaire
lui revenant comme un reflux de son apostolat,
dont la gloire applaudie fut aussitôt par lui ren-
voyée à ce seul et unique Dieu. Entendons-le lui-
même : « Grâce à Dieu, nous croyons en Dieu, et

« si je doutais de votre foi, vous vous lèveriez
« pour me repousser d'au milieu de vous ; les
« portes de cette métropole s'ouvriraient d'elles-
« mêmes sur moi, et le peuple n'aurait besoin que
« d'un regard pour me confondre, lui qui, tout à
« l'heure, au milieu même de l'enivrement de sa
« force, après avoir renversé plusieurs générations
« de rois, portait dans ses mains soumises, et
« comme associé à son triomphe, l'image du Fils
« de Dieu fait homme. » Et les applaudissements
ayant éclaté à cette profession de foi, « n'applau-
« dissons pas, Messieurs, la parole de Dieu, »
reprit aussitôt le saint Apôtre, « croyons-la, pra-
« tiquons-la, c'est la seule acclamation qui monte
« au ciel et qui soit digne de lui. » — Les fastes
de l'éloquence, même antique, n'offrent pas,
croyons-nous, d'action oratoire supérieure à celle-
là, et nous sommes en droit d'en conclure que
Lacordaire, n'eût-il converti personne en particulier, aurait converti *le milieu* de tous, l'opinion,
et en cela, plus ou moins, tout le monde.

Mais par cette prédisposition même où il mettait la

généralité des esprits et des âmes — prédisposition, observons-le bien, qui ne pouvait être obtenue par lui qu'à la condition de s'en tenir à *agiter* les eaux de la vérité et de la grâce, et à y attirer les infirmes sans les y *plonger* lui-même, — combien par là même n'en a-t-il pas finalement converti en particulier, et n'a-t-il pas atteint ce *souvent par de là* qu'il attribuait si modestement à sa parole? Combien, à son humble et d'autant plus méritoire insu, ont été touchés, à distance et secrètement, par tel ou tel mot, telle ou telle pénétrante image de leur état, tel ou tel éclair de la destinée humaine, tel ou tel coup de *sursum corda*, dont sa parole était incidemment comme explosible, et dont ils emportaient le trait, pour aller tomber, plus tard et je ne sais où, aux pieds de tout autre ministre de la grâce de Dieu, mais dont ils étaient originairement redevables à Lacordaire? Combien, disséminés, dont le retour à l'honneur et à la paix date de lui? Ce qui est d'autant plus explicable que ses auditoires de Notre-Dame se composaient en majorité de générations successives d'étudiants de toutes les écoles, que la capitale rendait aux provinces qui les lui avaient envoyés, et qu'ainsi il se trouvait prêcher comme dans sa fleur la France entière, où les échos de ses conférences se prolongeaient.

Non, Lacordaire n'a pas été seulement je ne sais quelle harpe éolienne *entre le ciel et la terre* rendant des sons merveilleux mais inarticulés, sous l'inspiration de cet *Esprit qui souffle où il veut* : il a été suscité par cet Esprit même pour être l'apôtre des gentils en notre dix-neuvième siècle, y réannonçant le Dieu méconnu, comme autrefois saint Paul à Athènes le Dieu inconnu, et comme lui ne se faisant pas scrupule de prendre texte de leurs idoles et de leurs poètes. — Finalement, il a laissé au sein de l'Eglise de France ce qui s'y retrouve aujourd'hui dans la suprême agitation de son destin : ces œuvres laïques qui, à partir de celle de *saint Vincent de Paul*, née de son souffle, et sous les organisations diverses de *cercles,* de *comités,* de *congrès,* de *ligues,* se sont si fort multipliés au soleil du siècle, et ce je ne sais quoi de viril, de franc, de loyal, de résolu, de convaincu, de hardiment affirmatif et revendicatif de la foi, de ses droits et de sa liberté, dans les catholiques purs, par opposition à tout ce qu'il y a d'équivoque, de faux, d'hypocrite, de cyniquement mensonger, de détourné du caractère français dans le laïcisme révolutionnaire et tout ce qui en dérive.

Telle fut, en raccourci, l'œuvre apostolique de Lacordaire.

*
* *

Mais ce n'est pas là toute l'Œuvre du P. Lacordaire, ni même, peut-on dire, le principal de cette Œuvre.

Il y a eu plusieurs hommes divers et ce semble opposés dans sa puissante personnalité. Mais celui qui est le plus devenu lui-même, par la fusion de tous les autres au feu concentré de sa vocation, c'est le *Père*, c'est le *Religieux*, c'est le *Dominicain*.

Tout l'éclat oratoire du conférencier, où il paraît tant de notre âge, était pour beaucoup en lui le moyen d'introduire son habit, et il est avéré qu'il était plus sensible au reflet qui s'en projetait sur ses frères qu'à la gloire qui s'attachait à son front.— « Bonne journée ! » leur disait-il un jour en rentrant d'un de ses triomphes de Notre-Dame. — « Eh quoi donc, Père, vous avez été acclamé par l'élite des intelligences ? » — « Ce n'est pas cela ; nous avons été salués dans la rue par le peuple. »

C'est aussi, qu'en vrai moine d'un autre âge qu'il s'était fait, il se sevrait à l'avance de tous les enivrements de l'orgueil ou s'en purgeait à sa rentrée par d'effrayants prodiges d'humilité ; et que, si quelque chose doit lui valoir l'auréole de saint, c'est surtout cela, qui fut la sauvegarde des périls de son génie, et comme la palme, dans sa vie publique, de ses victorieuses austérités du cloître, permettant de lui appliquer le divin proverbe : *Vir obediens loquetur victoriam* : « L'homme qui « se rompt à l'obéissance parlera avec victoire. » Humilité si profonde chez l'illustre Père qu'elle serait restée un angélique secret autant qu'un héroïque exemple réservé à ses seuls frères, si l'un de ceux-ci, des plus dignes de la comprendre, n'en avait, à la stupéfaction du siècle, brisé le vase et répandu le parfum (1).

Quel en a été le fruit, le fruit véritablement surnaturel? Le rétablissement de l'Ordre monastique de Saint-Dominique en France, et, à sa suite, de tous les autres Ordres religieux ; de ces saints Ordres que le fait de la Révolution a toujours été, au cynique démenti de ses *droits de l'homme et du citoyen,* de chasser, quand elle a commencé ou repris son œuvre propre d'athéisation de la France, entraînant, à mêmes dates, la ruine de l'ordre social. Les rétablir, pour Lacordaire, a donc été sa manière à lui de faire échec à la Révolution.

Pour en être mieux convaincus, pour apprécier et mettre à profit tout ce que nous lui devons à cet égard, redisons un peu et rapidement ici ce que sont les Ordres religieux dans l'économie de la civilisation européenne.

L'Évangile, d'où le monde moderne est né, se

(1) *Le R. P. Lacordaire, sa vie intime et religieuse.* par le R. P. Chocarne.

composé de préceptes et de conseils. Or, déjà, sans
les Ordres religieux, toute la partie de l'Evangile
qui est de conseil n'aurait pas eu d'application
sociale, eût été vaine; ce qu'on ne peut raisonna-
blement supposer. L'Evangile, sur ce point, n'a
donc pour lui, et dès lors pour nous, que les Ordres
religieux. Mais, en outre, sans la pratique des
conseils, que seraient devenus les préceptes? Ils
eussent été réputés aussi impossibles pour ceux
mêmes qui en sont venus à les pratiquer, que le
sont pour eux les conseils. Il fallait donc que le
joug de l'Evangile fût porté par quelques-uns jusqu'à la sainte rigueur du conseil, pour que la
masse ne reculât pas devant les préceptes; pour
qu'elle fût persuadée que (l'humanité prise en
somme) qui peut le plus peut le moins, et que notre
lâcheté fût stimulée ou confondue. Il fallait qu'il
y eût dans le monde comme des foyers d'édifica-
tion et de sainteté où l'esprit de l'Evangile, concentré jusqu'à la perfection, rayonnât dans les
sociétés au profit de l'obligation stricte. D'où on
doit conclure que, — si limitée que doive être la

vie religieuse à ceux-là seuls qui en ont la vocation, et sans préjudice pour ceux qui ne l'ont pas de pouvoir se sanctifier dans les divers états du siècle, — les Ordres religieux ont eu, à l'égard de ceux-ci et du siècle en général, la vocation sociale de ne pas y laisser prescrire et dégénérer le précepte, et de l'y raviver.

Bons par cela seul en tous temps, ils ont commencé à l'être au sein de la corruption payenne et de la barbarie germanique d'où la civilisation chrétienne devait sortir. Ils ont été, peut-on dire, comme les *remorqueurs* du monde moderne. Par la profession du vœu de virginité, ils ont mené les mœurs à la chaste indissolubilité du mariage ; par la profession du vœu de pauvreté, à la modération dans les richesses et les désirs ; par la profession du vœu d'obéissance, à la soumission et résignation dans tous les devoirs et toutes les rigueurs de la vie ; par la vie régulière, enfin, par la discipline monastique, par les constitutions et les lois qui faisaient de leurs corporations de véritables *Ordres* où toutes les conditions de gouvernement étaient dans la plus parfaite harmonie au sein du chaos, ils ont tiré le monde de ce chaos, et l'ont mené à ce grand ordre social dont nous jouirions, si l'esprit opposé à sa formation n'était venu le dissoudre. En un mot, par des prodiges de vertu, ils ont combattu des prodiges de licence, et mieux que les héros de la Fable, ils ont dompté les monstres de l'humaine perversité. Cette lutte a été sublime. La grandeur de ses proportions échappe à la petitesse et à la partialité de nos vues. Nous allons même quelquefois jusqu'à faire partager aux Ordres religieux la solidarité des désordres au sein desquels ils ont vécu. Il serait mieux d'y voir la mêlée d'un grand combat, dont ces désordres, même en ce qui les aurait accidentellement atteints, attestent l'acharnement, mais où ils ont été les vainqueurs, et dont nous sommes la conquête.

A n'en considérer le tableau que dans ses grandes lignes historiques, six grands périls ont menacé le monde moderne dans sa formation et son développement, lesquels n'ont été conjurés que par le concours de ces vénérables Institutions, dont c'est

bien l'heure et le lieu ici de venger la cause : —
premièrement, la corruption payenne, par les Pères
du désert et les moines d'Orient ; — secondement,
la barbarie germanique, par le grand Ordre patriar-
cal de Saint-Benoit et ses nombreux rejetons
immédiats, notamment ceux des Chartreux et de
Citeaux et en général les moines d'Occident ; —
troisièmement, la barbarie musulmane, par les
Ordres militaires de Malte, des Templiers, des
Teutons et de la Merci ; — quatrièmement, le socialisme néomanichéen des Vaudois et des Albigeois,
par les deux grands Ordres Angélique et Séraphi-
que de Saint-Dominique et de Saint-François ; —
cinquièmement, le protestantisme et ses légions de
sectes anarchiques, par le célèbre Institut des Jésui-
tes et cette splendide floraison de cent autres Ins-
tituts ou Ordres divers, rivalisant de lumières et de
vertus, et auxquels des publicistes protestants eux-
mêmes, tels que Ranke et Macauley, ont été amenés
à rendre un complet hommage ; — sixièmement
enfin, le paupérisme et socialisme moderne, par les
Frères de Saint-Jean-de-Dieu, ceux de la Doctrine

chrétienne, les Sœurs de Charité, les Petites-Sœurs
des Pauvres, etc., etc. Tout esprit éclairé et impar-
tial reconnaîtra, à ces simples indications, que le
vaisseau qui portait les destinées de la chrétienté,
lesquelles ont été les destinées de la civilisation
européenne, a été sur le point de sombrer autant
de fois dans ces six grandes crises, et que si l'Eglise,
par la Papauté, en a été le pilote, les Ordres religieux en ont été, sous elle, les équipes et les
sauveteurs.

Et comment, finalement et à tous les points de
vue, ne leur rendrait-on pas justice dans un siècle
éminemment archéologique, et dont la gloire unique sera la savante impartialité avec laquelle il
recueille l'héritage du passé? Impartialité qui est
souvent de l'indifférence, il est vrai, comme celle
d'un notaire inventoriant une succession vacante,
pour le compte de qui il appartiendra, mais
dont les appréciations sont d'autant plus exactes
qu'elles sont plus froides. Or, cette succession, qui
occupe de ses richesses cette science de nos jours,
qu'est-elle, en somme, que celle des Ordres reli-

gieux, des moines, des couvents, disputée à l'in-
cendie ou au marteau de nos nouveaux Omars
révolutionnaires? A travers tant de ruines sous
lesquelles on a voulu les ensevelir et comme les
murer, nous correspondons avec ces vénérables
ancêtres, et prenant leurs lumières sans partager
souvent leur foi qui en a été le foyer, nous en recom-
posons le trésor de nos connaissances. Nous trouvons par fois, il est vrai, à les critiquer, si tant
est que nous en soyions bien sûrs; mais en cela
même nous leur serions encore redevables; car
sans eux nous n'aurions pas ce rare et douteux
avantage sur eux.

Que pourrions-nous, par exemple, en matière
d'érudition historique, sans les Bénédictins réfor-
més de Saint-Maur, les Bollandistes, les auteurs
du *Gallia Christiana,* dont les effrayants travaux
sont synonymes de *science?* « Un seul de leurs
« couvents, a dit l'historien Gibbon, a plus con-
« tribué à la littérature que nos Universités
« d'Oxford et de Cambridge » : et nous nous per-
mettrons d'ajouter : que nos Facultés et que nos

Académies. — Et nous ne parlons encore que de l'ordre intellectuel; mais il en est ainsi de tout le reste et même de l'ordre industriel. En effet, les grandes découvertes dont nous sommes si fiers pour le perfectionnement de la vie sociale n'ont eu de raison d'être qu'après la satisfaction des plus impérieux besoins. Or, ce sont eux, ce sont ces Moines qui ne sont bons, dit-on vulgairement, qu'à prier — ce dont Montalembert s'indignait comme d'un blasphème contre ce sublime office social de la prière, jusqu'à ne vouloir pas qu'on les louât d'autre chose — ce sont ces grands Moines qui, de ces mêmes mains qu'ils élevaient au ciel, ont défriché, assaini, desséché, fondé ce sol, sur lequel nous posons nos rails. Ils ont été en leurs temps des industriels de premier ordre. Ils ont créé ce que nous achevons. Ils ont travaillé de première main à tout ce dont nous jouissons. Mais il reste cette immense différence entre eux et nous, à savoir : que nos progrès industriels sont en raison de notre lamentable déchéance de ces

hautes sciences spiritualistes appelées métaphysique et théologie entrainant dans leur chute la
dégradation de la littérature et de l'art avec
celle des mœurs ; et par là, se trouve justifié ce
que la Sagesse a si bien dit d'elles *qu'elles sont
le tout de l'homme*. Or, les Moines embrassaient
ce *tout* dans la plus sublime synthèse, comme
nous en avons le spectacle sous nos yeux dans
ces splendides créations architecturales qui en
sont comme *la Somme* en relief ; dans ces merveilleuses basiliques où, par un art qui confond,
la pierre, le bois, le verre, le fer, le plomb, ce
qu'il y a de plus matériel et de plus brut dans
la nature, est élevé à l'honneur d'exprimer et
d'inspirer ce qu'il y a de plus spirituel, de plus
idéal, de plus surnaturel : le céleste, l'infini,
l'adoration, l'extase.

C'est assez, mais ce n'est pas trop ; et c'est la
gloire du P. Lacordaire que tout ce que nous
venons d'esquisser des Ordres religieux ne soit
pas ici un hors-d'œuvre. Quelle a été en effet

son œuvre par excellence? C'a été précisément d'enter sur ce vieux tronc enterré mais toujours vivace des Ordres religieux, le sauvageon de notre siècle, et d'en avoir fait surgir et reverdir dans notre France, épuisée de scepticisme et d'impiété, ces vigoureux chênes monastiques, qui, réalisant la fable de ceux de Dodone, rendent des oracles de vérité et de salut, et *dont les feuilles sont pour la guérison des nations* (1).

Qu'on ne dise pas qu'ils ne sont plus de saison : ils le sont plus que jamais. Outre, en effet, que considérés dans leur profession du conseil, ils sont bons en tout temps, comme *le sel de la terre*, pour en neutraliser la corruption, n'est-il pas logique que ceux qui ont été les remorqueurs de la civilisation soient le frein de la décadence? Sans doute, il en est quelques-uns dont c'est la gloire de ne plus avoir de raison d'être, parce que, grâce à eux, le genre de péril social auquel ils étaient appropriés a dis-

(1) *Apoc.* XXII.

paru. Mais combien d'autres ont dû se former de nos jours pour faire face à des intérêts ou à des périls nouveaux, tels que ceux des écoles, des hôpitaux, des misères sans nombre du prolétariat, des Missions ; des Missions où ils portent si haut et si loin, dans toutes les directions, le catholique drapeau de la France ? Eh ! la guerre sociale qui frappe si formidablement à nos portes et menace de les faire sauter, ne va-t-elle pas susciter de ce sein toujours fécond de l'Eglise, je ne sais quel nouvel Ordre de *Frères* médiateurs entre le patron et l'ouvrier qui conjure la catastrophe ? Non, jamais les Ordres religieux ne furent plus réclamés que de nos temps.

Mais ce qu'il faut surtout admirer de cette féconde économie du Catholicisme dans l'appropriation de ces saints Ordres aux maux renaissants de l'humanité, c'est que ce soient deux des plus anciens qui se trouvent être des plus nouveaux, comme s'ils venaient d'être créés tout exprès pour notre époque. Mézerai, parlant, dans son histoire, des Vaudois et des Albigeois, dit :

« Les premiers faisaient profession de pauvreté,
« les seconds se meslaient de prêcher partout.
« Pour les contrequarrer furent institués deux
« Ordres religieux, savoir, des Frères-Mineurs,
« fondé en Italie par saint François d'Assise, et
« des Frères-Prêcheurs fondé par saint Dominique,
« originaire d'Espagne et venu en France à ce
« dessein. » — Remarquons, en passant, que, de
quelques nationalités que surgissaient les fonda-
teurs d'Ordres religieux, c'était presque toujours
en prédestination de notre France comme du
champ belliqueux de leur action, prédestination
marquée jusque dans le surnom patronymique de
François, bien qu'il fût *d'Assise,* et dans la
vocation monastique du *Chanoine d'Osma,* qui
ne commença à se faire jour qu'en France, sans
parler de *saint François de Paule,* de *saint
Ignace de Loyola* et de bien d'autres.

Mais, revenant à notre point, la double secte
qui fut l'objectif des deux premiers au treizième
siècle, n'est-elle pas la même qui, sous le nom de
maçonnique, fait rage de nos jours? Elle ne fait

pas précisément, il est vrai, *profession de pauvreté*; seulement elle exploite le pauvre. Je laisse à juger, d'autre part, si elle ne *se mêle pas de prêcher partout*. La souveraineté du peuple dont elle aigrit, en l'aggravant, la misère contre le riche, qui lui-même y prête trop par l'abus des jouissances sous prétexte de soulager la pauvreté; la fureur de fomenter cette fratricide hostilité par tous les excès de la parole et de la presse : ne sont-ce pas là les deux flagrantes monstruosités de notre temps par où nous inclinons vers la ruine ? Or, quoi de plus propre à les *contrequarrer*, aussi bien dans les riches que dans les pauvres, que le sublime de la pauvreté volontaire de saint François, et l'entrainante parole apostolique de saint Dominique, revivants dans leurs fraternelles postérités?... J'en appelle, sur ce sujet, aux grandes Encycliques de Léon XIII, si écoutées de tout ce qu'il y a d'esprits sensés, autant que pratiquées par tout ce qu'il y a de fidèles dans l'univers.

Honneur donc au Révérend Père Lacordaire d'avoir prévenu, de si longue date, cette oppor-

tunité aujourd'hui si urgente, avec cette justesse
de coup d'œil qui passe le génie, et cette hardiesse
de résolution qui s'impose d'autant mieux qu'elle
ne fait qu'obéir elle-même à une divine impulsion !
Honneur à lui de nous avoir donné quarante
années de ces Ordres apostoliques et séraphiques,
si profondément enracinés que trois ou quatre
révolutions, par lesquelles la France fut mise à
deux doigts de sa perte, n'avaient pu les y ébran-
ler, et que leur arrachement sauvage de nos jours,
a été et est resté comme un défoncement de tous
les droits et de toutes les libertés qui constituent
le sol commun de la vie sociale !

Aussi, marque significative de cette solidarité
de nos droits et de nos libertés avec les leurs :
dans cette insigne épreuve, si glorieuse pour eux
et si fatale pour nous par ses suites, ce sont des
séculiers, des laïques qui ont plus particulièrement
pris fait et cause pour eux. L'élite de tout ce qu'il
y a de consciencieux, d'honnête, de vraiment
conservateur, la plupart sans se connaitre autrement, s'y est rencontré comme à des postes d'hon-

neur et d'intérêt social. D'instinct, on y défendait dans ces saints Religieux, la chose commune à tous, tant ils la personnifiaient dans ses plus hauts caractères. Et cet instinct ne se trompait pas : ce qui est advenu et se poursuit depuis ne le montre que trop. Mais il est bon de s'en rendre compte pour apprécier toute la portée sociale de l'œuvre de Lacordaire.

Le christianisme a élevé la notion du droit et de la liberté et leur prétention à une bien autre puissance que celle dont ils relevaient dans le monde ancien, à la plus haute puissance qui se puisse concevoir, autant qu'elle est la plus exacte. L'âme humaine, dans ce qu'elle a de plus intime et de plus inaccessible à la force, en est le sanctuaire et l'impénétrable retranchement : c'est le droit, c'est la liberté de l'âme même. Mais un droit, une liberté quelconque ne peuvent pas se concevoir pour eux seuls, et sans un objet qui les motive et dont le prix détermine leur activité; et à vrai dire, c'est cet objet même qui les crée. Or, cet objet, à partir surtout du christianisme, n'est rien moins que Dieu révélé à l'âme humaine comme répondant à toutes ses aspirations autant qu'à toutes ses misères, et l'appelant à son royal destin. De là, ce beau mot de la sainte épouse de Lafayette pour l'attirer à sa foi par le mobile même qui l'en avait fait dévier : *Le Christianisme est la grande liberté* (1). Dans son orbite, en effet, gravitent toutes les autres, s'y déployant, chacune dans son ordre, à proportion qu'elles s'en inspirent, autant qu'elles deviennent chimériques quand elles s'en écartent, et incendiaires, de toute la puissance qu'elles en emportent, quand elles se tournent contre cette grande Liberté. Voulez-vous l'entendre s'exprimant elle - même ? Ecoutez ces accents de Lacordaire :

« L'Eglise est une société d'âmes, fondée par
« Jésus - Christ, pour connaître, aimer et servir

---

(1) C'est La Fayette lui-même qui le dit avec émotion dans ses *Mémoires*, et M. Guizot nous apprend, dans les siens, qu'il mourut en baisant, avec transport, le médaillon de celle qui lui avait légué cette liberté-là, et que, se dérobant pour la première fois aux ovations populaires, il voulut être enterré pieusement auprès d'elle au cimetière de Picpus, ossuaire des plus nobles victimes de la Révolution.

« Dieu. Cette société doit être libre, parce qu'elle
« vient de Dieu et qu'elle a son siége au plus
« profond de la conscience, là où nul autre pou-
« voir que la liberté elle-même ne peut pénétrer
« violemment sans attenter à Dieu et à l'homme
« dans leur nature et leur rapport. Partout ail-
« leurs l'abus de la force est odieux, là il est sacri-
« lége. Mon âme est à moi, je la donne à qui je
« veux, et si je la donne à Dieu qui me la demande
« et qui l'accepte sous une loi reconnue de ma
« raison, qui a le droit de dire à ma raison, à ma
« conscience, à mon âme : *Je ne veux pas?* Per-
« sonne, pas même le genre humain tout entier.
« En me défendant contre lui, je le défends lui-
« même, et ma victoire, si je l'obtiens de ma
« constance, est la victoire de sa propre liberté.
« *La liberté de l'Eglise est celle de l'âme; la*
« *liberté de l'âme est celle du monde* (1). »

Ce *Je ne veux pas,* on a osé le dire et le com-
mettre de nos jours. Qu'en est-il résulté, sinon la

____

(1) *De la liberté de l'Italie et de l'Eglise,* p. 38.

littérale expérience de ces dernières paroles : que la *liberté de l'âme* — procédant de la *liberté de l'Eglise,* — *est celle du monde?*

Un dernier mot qui concentre la lumière sur ce point important, parce qu'il est des plus faits pour nous toucher par notre visible intérêt étroitement lié à celui de l'Eglise.

Le Catholicisme, pour son compte, vit essentiellement de liberté : c'est son atmosphère. Mais ce qui est admirable, c'est qu'en cela il est l'atmosphère de la Liberté même et il l'entretient. En en vivant, il en fait vivre les hommes et les peuples. En défendant son droit spirituel supérieur, il défend tous les droits temporels secondaires et accessoires que ce droit supérieur réclame, et, plus encore, il les consacre. En soutenant le choc de l'oppression pour lui-même, comme nul autre ne pourrait le faire, il nous en abrite tous si nous ne nous y refusons pas. En ce qui le concerne, il ne saurait succomber, parce que, si mesuré qu'il soit dans sa résistance, il y a une limite où il ne cède jamais, et que cette limite se fait sentir à tout ce qui en approche. On peut le proscrire de telle ou telle région, fût-ce de celle où la Providence a si visiblement dressé son Siège. Mais alors on peut être sûr d'une chose : c'est qu'en emportant avec lui son droit, sa liberté, son honneur, ses intérêts, il se trouve emporter les nôtres, et que c'est nous qui en restons, à l'intérieur, les véritables proscrits. Et, parmi les choses catholiques, il en est particulièrement ainsi des Ordres religieux; parce que, de même que, dans l'ordre spirituel, en pratiquant la vie de conseil ils maintiennent le niveau de la vie de précepte, de même, dans l'ordre temporel, en usant de la haute liberté que cette vie de conseil réclame, ils maintiennent *à fortiori* la somme des libertés de droit commun pour nous. Ils en sont comme la clé de voûte. Et Lacordaire avait raison de dire, en montrant la première fois sa robe à l'auditoire de Notre-Dame : *Je vous apporte là une liberté.* Qu'est-ce donc, si on considère que cette liberté qu'ils impliquent est une liberté de

renoncement, de sacrifice, d'immolation et de
dévouement, faisant place à toutes les nôtres,
loin de les usurper? — Voulez-vous finalement
savoir tout ce que nous perdons à leur expulsion? Voyez tout ce qu'y gagnent les autres
nations, même infidèles, chez lesquelles ils vont
porter le flambeau de la civilisation qui s'éteint
chez nous; voyez l'honneur qu'ils nous y font à
notre honte !

A quarante ans de distance, le P. Lacordaire
eut comme une vision prophétique de ce dou-
loureux spectacle dont le régime d'alors n'était
pas sans le menacer. Du haut de la chaire de
Notre-Dame, comme il aurait pu le faire, comme
il l'eût fait du seuil de sa retraite monastique,
le jour néfaste où on vint en arracher les siens,
visant les futurs proscripteurs de ces Ordres
religieux dont il illustrait le retour, il leur
lança cette fière et pathétique apostrophe, ratifiée
alors par le sympathique frémissement de son
vaste auditoire :

« Ah ! il vous va bien de vouloir faire de nous

« des parias de l'humanité, vous à qui nous
« avons donné tout ce qui fait l'humanité ! Allez,
« vous n'y réussirez pas ; vous ne nous ôterez ni
« la science, ni l'amour, ni rien de ce qui fait
« l'homme. On n'ôte pas le génie à qui on le veut ;
« on n'ôte pas la liberté à qui on le veut ; on n'ôte
« pas la dignité à qui on le veut ; on n'ôte pas la
« patrie à qui on le veut. Chassez-nous, si vous
« le voulez, nous emporterons dans l'exil, jusqu'aux
« extrémités du monde, notre nom et notre cœur
« de citoyens ; nous vous y servirons par nos
« sueurs et notre sang, et, lorsqu'un jour, vous
« enverrez vos ambassadeurs dans ces terres loin-
« taines, ils y trouveront des pages écrites par
« nous pour votre histoire, et qui leur serviront
« d'introducteurs (1). »

Telle a été, telle restera dans l'histoire de
l'Eglise de France en sa plus étroite union avec
l'Eglise Romaine l'œuvre de Lacordaire, sa double

(1) Vingtième conférence : *De la raison catholique et de la
raison humaine dans leurs rapports* (1843).

œuvre : comme conférencier et comme restaurateur des Ordres religieux; œuvre d'une admirable unité dans sa dualité. C'est par la gloire de ses conférences, en effet, qu'il a introduit son habit, et c'est par l'austère profession de son habit qu'il a pu s'élever sans vertige à cette gloire et en répandre le bienfait. Tout religieux plaide pour ses conférences, et tout laïque qui a bénéficié ou bénéficiera de ses conférences plaidera pour nos religieux. Tous nous sommes ainsi les redevables de Frère Henri-Dominique Lacordaire des Frères-Prêcheurs.

Aussi lui-même, dans ses incomparables adieux à la chaire de Notre-Dame, a-t-il pu finir sans orgueil par ce témoignage de la vérité en lui : « Génération déjà nombreuse en qui j'ai semé « peut-être des vérités et des vertus, je vous « demeure uni pour l'avenir, comme je le fus « par le passé : mais si un jour mes forces « trahissaient mon élan, si vous veniez à dédai- « gner les restes d'une voix qui vous fut chère, « sachez que vous ne serez jamais ingrats; car

« rien ne peut empêcher désormais que vous
« n'ayez été la gloire de ma vie et que vous
« ne soyez ma couronne dans l'éternité. »

Depuis la péroraison de l'oraison funèbre de
Condé par Bossuet, je ne sache pas que rien ait
été dit de plus noblement beau, avec je ne sais
quoi de plus palpitant qui se ressent à la fois des
agitations de notre siècle et du repos d'une
conscience apostolique dans son Dieu.

Et cependant il faut en venir à le dire, moins
pour lui que pour nous, si méritant, si salutaire à
ce siècle, si illustre par le génie, si puissant en
œuvre et en vertu qu'ait été le Père Lacordaire,
je ne sais dans quelle pénombre, je dirais presque
dans quels limbes est restée jusqu'ici sa mémoire,
comme entachée qu'elle y serait par l'honneur
même que lui rendent les uns, autant que par la
suspicion où la tiennent les autres. Qu'est-ce qui
aurait donc pu lui valoir ou cet excès d'honneur
ou cette indignité ? Est-il besoin de l'appeler par
son nom ?... son prétendu libéralisme.

Et, en effet, que le Père Lacordaire ait été un
libéral, et même *un libéral impénitent,* lui-même
l'aurait dit, sinon professé, ce sur quoi je me
réserve de faire la lumière. Mais ce libéralisme
d'alors, arrivé de nos jours, malgré les plus décisives déclarations de l'Eglise, à ce caractère doctrinal d'obstination qui confine à l'hérésie, pourrait-il sérieusement être imputable à Lacordaire
et s'envelopper de sa gloire apostolique comme
d'un linceul? S'il en était ainsi, je n'hésiterais pas
un instant à sacrifier ma sympathie pour un
homme, si illustre et méritant qu'il ait été par
ailleurs, à l'intérêt souverain de la Vérité, et en
cela je ne ferais que suivre le mémorable exemple
de Lacordaire lui-même à l'égard de Lammenais.
Mais le seul rapprochement de ces deux noms
m'indigne déjà. Que si pour tous il en est de même;
bien plus, si la vérité même réclame Lacordaire
pour son disciple et son apôtre des mieux faits,
dans la situation présente des choses, à ramener
à elle nombre d'esprits, à l'envi de l'erreur ne
pouvant plus se prévaloir de lui, ne serait-ce

pas, en même temps qu'une justice à lui rendre, un heureux appoint d'influence à déplacer du faux au vrai pour la pacification catholique, et serait-il d'un bon esprit de porter la prévention jusqu'à s'y refuser ?

J'ai plutôt confiance d'être soutenu et suivi dans cette importante autant qu'intéressante revendication.

CHAPITRE III

———

Le libéralisme du P. Lacordaire, dégagé de ses circonstances.

Il est raconté de Moïse, dans la Sainte Écriture, que, pour avoir eu un léger mouvement de vivacité en frappant le rocher d'où Dieu lui avait dit que jailliraient aussitôt les eaux dans le désert, il n'introduirait pas son peuple dans la Terre promise ; et qu'en effet il mourut solitaire sur une montagne de Moab, sans qu'on ait jamais pu savoir ce que son corps était devenu, quelques-uns seulement se plaisant à croire qu'il avait été enlevé par les anges. Comme pour compliquer ce mystère de sa destinée et de la faute qui la lui aurait value, il est même dit, dans *l'Épître Catholique* de saint Jude, que Satan ayant voulu quereller Michel à ce sujet, l'Archange n'osa pas le taxer de blasphème et coupa court à la discussion par ce simple mot : « Que le Seigneur exerce sur toi sa puissance ! » — Qui n'eût cru, en cet état des choses, à une défaveur consommée à l'égard de ce grand serviteur de Dieu ? — Mais point du tout. Voici que, au plus fort de cette éclipse de Moïse, Moïse même reparaît en personne, à l'égal d'Elie qui avait été enlevé au ciel sur un char de feu, à côté du Fils de Dieu dans la splendide lumière du Thabor. Et pour achever de nous édifier à son sujet, saint Augustin vient nous enseigner que cette sévérité apparente de Dieu envers le conducteur de son peuple, avait été « comme envers un ami » *tanquam ad amicum,* et en figure de l'infidélité plus grande des Apôtres et de Pierre même dans la Passion (1).

Ne soyons pas plus sévères pour Lacordaire, et qu'il me soit permis de placer sous cette sainte allusion ce que je vais dire à sa justification ou plutôt à sa gloire.

Mais, en grande partie, ne l'ai-je pas déjà fait ?

____

(1) Sermo CCCLIII.

Qu'avons-nous vu de lui en somme jusqu'ici, dans cette étude sur son Œuvre, soit comme conférencier, soit comme restaurateur des Ordres religieux, qui ne soit pur de toute erreur autant que de tout vice de conduite ; qui ne soit digne de louange, de reconnaissance et de bénédiction ? Certes, si l'erreur doctrinale dont il est question avait été en lui, c'est bien dans tout cela qu'elle se serait produite, ou du moins logée quelque part, alors surtout que les sujets qu'il a traités étaient plus particulièrement de l'ordre social et politique. Mais non, j'attends qu'on m'y relève la moindre trace de cette erreur.

Toutefois, mais sous le bénéfice de ce préjugé négatif des plus légitimes, moins réservé que Michel dans la cause de Moïse, je provoquerai moi-même la discussion dans celle de Lacordaire, non pas tant pour le disculper de l'erreur qu'on lui impute, que pour arguer de lui contre cette erreur même.

Débarrassons-nous d'abord de ce qu'on pourrait appeler les broussailles de la question, en dégageant le mérite du P. Lacordaire de trois choses, à l'épreuve desquelles il a été : — son tempérament ; — l'objet propre de son apostolat ; — une partie de son école.

Faisons justice aussi, en passant, du fameux mot *libéral impénitent,* qui est le seul avoir de la critique contre lui. Et enfin, après avoir fait la part équitable d'une certaine préoccupation trop exclusive de son zèle, arrivons, ce qui est l'essentiel, à l'entendre s'expliquer lui-même, sur l'objet et le vrai fond de la question.

On n'est pas riche de nature jusqu'au génie, impunément ; surtout dans un siècle sans garde-fou comme le nôtre, où il n'en est pas un, de Maistre excepté, dont la tête n'ait tourné ; et encore, de Maistre n'a-t-il pas eu les enivrements de la popularité. Louis Veuillot, que nous ne saurions oublier, n'a-t-il rien laissé à regretter dans le bien même ? et cependant que ne doit-on pas lui passer en le prenant dans sa belle et grande ligne ? Je crois que, dans un instant de trêve, Lacordaire et lui, aussi bien que Montalembert, se seraient embrassés. Et n'ont-ils pas été plus d'une fois la main dans la main? L'*Univers* n'a-t-il pas été heureux de publier les Conférences, sans que le caractère de celles-ci, qui n'a pas varié, l'ait arrêté? N'insistons pas. Reconnaissons seulement que si l'indiscipline est dans le tempérament du génie, nul n'y a été plus exposé que Lacordaire et n'y a moins succombé, nul ne s'est plus brisé lui-même, n'a été, pour ainsi parler, moins libéral envers lui-même, et, en échappant par là à de plus grands dangers, n'a laissé de plus grands exemples. Après tout, il faut savoir *nous laver les pieds les uns aux autres,* selon la parole et l'exemple du Sauveur, surtout quand il s'agit d'un de ceux-là dont il a été dit : *Qu'ils sont beaux, sur les hauteurs, les pieds de celui qui prêche la paix et annonce le salut, disant à Sion : Ton Dieu va régner* (1).

La seconde chose dont il faut savoir dégager son mérite, c'est cet Apostolat même : son objet, et par

(1) Isaïe, LII, 7.

conséquent le genre de procédé qu'il réclamait. Et c'est en ceci précisément que consiste la méprise qui lui a valu, en grande partie, la réputation de libéral, par confusion du fond avec la forme de sa parole et de ses écrits. — Eh bien, oui, l'entrain de son éloquence fut *à la française,* comme on en avait apprécié l'inspiration à Rome; j'ajouterai même *à la moderne,* et en cela, si l'on veut, il fut libéral. Mais était-ce pour abonder dans ce libéralisme qui consiste à éliminer ou à souffrir qu'on élimine l'Evangile des institutions et de la vie politique du Pays? Tout au contraire, c'était pour l'y rappeler. Mais par quelles prises sur un siècle qui s'en allait si déplorablement dans le sens opposé? Par les prises mêmes par lesquelles on l'avait à ce point égaré; par les réalités revendiquées pour le Christianisme et pour l'Eglise, de ce qui n'avait été jusque là que leur mirage imposteur sous la baguette infernale de la Révolution à laquelle il opposait la verge de Moïse; et cela, avec un art d'autant plus persuasif que lui-même, tout le premier, était noblement épris de ce qui enlevait ses auditeurs.

« L'effet de cette parole, sur les jeunes gens sur-
« tout, était irrésistible », a très bien dit le R. P.
Chocarne. «Comment ne l'eussent-ils pas acclamée?
« Tout ce qu'ils aimaient — le mal excepté — elle
« le disait, elle le chantait avec eux et mieux
« qu'eux. La poésie, le dévouement, l'honneur, les
« gloires nationales, la patrie, la liberté, tous ces
« beaux noms animaient cette parole, s'inclinaient
« devant la Vérité, leur reine à tous, et lui faisaient
« comme un cortège d'honneur (1). » Il y avait
encore de l'écho en France pour ces grandes choses
quand on les y faisait résonner d'une telle voix.
Il y en avait eu trop même par le détournement
qu'en avait fait l'esprit révolutionnaire contre tous
les principes sociaux. C'était donc un coup de
maître d'en désensorceler le siècle en ce faux sens,
en l'en passionnant dans leur sens véritable, en les
faisant passer de la tribune des factions à la chaire
de vérité, et les repatriant à leur éternel principe.
Aussi le libéralisme d'alors s'en inquiéta jusqu'à

(1) *Vie intime et religieuse du R. P. Lacordaire*, t. I, p. 133.

taxer l'orateur de Notre-Dame de radicalisme. Aujourd'hui le saint apôtre en est trop vengé. Qu'en est-il, en effet? C'est que, par un contre-courant qui, espérons-le, l'emportera, et dont la première impulsion doit être rapportée à Lacordaire, ces mêmes grandes choses, sans lesquelles une nation n'est plus, sont passées de ses lèvres à celles des seuls chrétiens dont elles sont devenues le patrimoine, alors que le radicalisme en est réduit à les traiter, dans son cynique argot, de *guitare* et de *balançoire*.

Enfin, la troisième chose dont il importe de dégager l'illustre Dominicain, c'est d'une partie de son école. Cette école, prise dans son ensemble, peut se diviser en trois âges : l'âge héroïque; l'âge évangélique et doctoral; et, entre les deux, l'âge oratoire. — C'est celui-ci qui, transitoirement, lui a fait tort, sans qu'on ait à le lui imputer, autant qu'il y a lieu de le glorifier des deux autres. — Que dire, en effet, de l'âge héroïque, héroïque en cela même qu'il est moins connu du siècle, et que le ciel, jaloux de ses fruits, si rapidement consommés de caractère et parfumés de vertu, les a aussitôt repris comme les primeurs de son divin esprit sous l'influence de Lacordaire? Il n'appartenait qu'au suave crayon du P. Chocarne d'esquisser les douces et fortes figures de ceux qui ont eu noms : Réquédat, Piel, Hernsheim, Besson, de Saint-Beaussent, et ce P. Jandel qui ne leur a survécu quelques années que pour être élevé par ses rares mérites et aptitudes au généralat universel des Dominicains, au si précoce honneur de ceux de France. Ames de héros, d'artistes, de philosophes, d'anges, qui, se dégageant d'un siècle si loin de répondre à l'idéal de caractère, de beauté, de vérité et de vertu dont elles étaient éprises, étaient venues, de divers points, se ranger sous les ailes à peine déployées de Lacordaire, leur modèle à tous, partager les épreuves et les sacrifices de la fondation de son Ordre en Italie ou en France, et lui donner leur tombe comme pierre angulaire de son avenir. Aussi, comme lui-même a été fidèle à ces saintes mémoires, et comme il a tenu jusqu'à la fin ce touchant Adieu qu'il adressait au couvent

de Bosco, dernier asile de plusieurs d'entre eux :
« O Bosco ! un temps viendra où nous ne reposerons
« plus sous tes cloîtres, où nous ne nous agenouil-
« lerons plus dans ta pieuse église sauvée par des
« soldats français ; où nous ne verrons plus autour
« de toi ta brillante et profonde ceinture de saules
« et de peupliers, où nous ne suivrons plus le cours
« des innombrables et limpides ruisseaux qui arro-
« sent tes prairies, où nous laisserons sous ta garde
« nos chers morts..... ; mais, ô Bosco ! la patrie
« elle-même ne nous fera jamais oublier ton hospi-
« talité, ta piété, l'accroissement que nous avons
« reçu de toi, la joie et l'union que tu nous as
« données, et, avant de mourir, notre œil te cher-
« chera de loin, entre le ciel et la terre !..... » Tel
fut l'âge héroïque de l'école de Lacordaire, dont il
garda toujours, dans sa vie intime et monastique,
l'arôme préservatif de sa vie publique et apostolique.

Je parlerai moins longuement de l'âge évangélique et doctoral, parce que nous y assistons.
Le mérite même de ses sujets me dispense, autant
que leur nombre me prive de les nommer. Ils se

renomment d'ailleurs eux-mêmes en justifiant excellemment à cette heure leur titre de *Frères Prêcheurs* dans toutes les chaires, depuis celle de Notre-Dame ; leur titre de *Docteurs* par une science consommée d'enseignement supérieur dont rien n'approche en France ; leur caractère, enfin, de *Religieux*, par la plus féconde austérité de mœurs claustrales, à l'épreuve de la dispersion, réalisant admirablement et avec d'autant plus de mérite, où qu'ils soient au monde, la belle devise de l'Ordre : *Contemplata tradere*. En tout cela que sont-ils, sinon les dignes fils de Lacordaire ? et quelle saine gloire n'en remonte pas à lui ! Et remarquez bien ceci, parce que nous allons avoir à en regretter le contraire : il n'en est ainsi d'eux que parce que, à son instar, chacun, avec son caractère propre, cherche moins à le reproduire dans le sien qu'à s'inspirer du zèle de saint Dominique et des lumières de saint Thomas d'Aquin, et, en ceux-ci, de l'Evangile et de sa science.

Il n'en a pas été malheureusement ainsi de ce que j'ai nommé *l'âge oratoire*. Ici Lacordaire a

porté la peine, non le tort, de sa glorieuse originalité, en quelques-uns qui, voulant risquer son
essor sans avoir son envergure, ni surtout le lest
de son humilité, n'ont fait que parodier son éloquence. L'aigle ne fait pas école. Sa nature est
d'être solitaire dans les hauteurs. Se drapant de
son manteau, ils se sont crus des Elisées. Mais
ils n'ont imité de lui que ses écarts apparents
sans ses retours réels, et n'ont pris, pour ainsi
parler, que la tangente de ces belles courbes
rentrantes par lesquelles son génie apostolique,
enveloppant de son large vol les esprits les plus
éloignés de la vérité, savait si bien les y ramener
comme à son aire. Par ce travers, ils se sont
égarés dans les excentricités et les divagations
de je ne sais quelle phraséologie naturaliste ou
sociale sans fin ni but, où rien n'était moins visé
et atteint que le souci et le salut des âmes. Et
malheureusement on ne les en a pas assez décou-
ragés. Il a fallu que l'opinion publique en fît justice, et qu'ils se la fissent eux-mêmes en s'éclip-
sant. Ce scandale oratoire, d'un petit nombre

d'ailleurs, est passé. Mais il n'en est pas moins vrai qu'il a fait assez de bruit, dans le grand bien de la véritable Ecole des *Frères Prêcheurs*, pour que nous dussions en dégager la mémoire de leur saint et illustre Père.

Pour lui, nature si originale, appliquée avec tant de hardiesse à un dessein si risqué et finalement si réussi, on peut dire qu'il en a été comme d'un fleuve apostolique, traversant les eaux du siècle, et s'y prêtant pour les corriger sans s'y mêler ni s'y altérer; mettant à profit toutes les épreuves, même les plus sensibles, pour en ressortir toujours plus épuré, et arrivant ainsi de haute pente à son océan, objet unique de toutes ses tendances à travers toutes les séductions et les écueils : la catholique vérité.

La triple part ainsi faite à son tempérament, à son genre d'apostolat, et à cet inconvénient passager de son génie dans ses faux imitateurs, que reste-t-il, en effet, contre lui dans le crible de la critique?

Il reste un mot, rien qu'un mot : il se serait

dit lui-même *libéral impénitent*... Voilà la paille !

Je serais tenté de passer outre et d'aller de suite à ses conférences. Mais non : moins avocat que rapporteur de la vérité dans cette étude *histori-que* et *critique*, je convie le lecteur à passer le mot en question à ce double creuset; d'autant que ce nous sera une occasion de vider le fond de toute préoccupation accessoire à ce sujet, en toute sincérité et justice.

Il est vrai : Montalembert, à la fin de sa *lettre* admise par le R. P. Chocarne en tête de la *Vie intime et monastique du P. Lacordaire*, lettre qui détonne en ceci avec le titre seul et plus encore avec le fond de ce beau livre, après avoir exalté « l'invincible attachement de Lacordaire « aux principes et aux conquêtes de 89 », ajoute, comme pour appuyer cette assertion en la reliant au livre même en tête duquel il l'affiche : « On « saura que ce *libéral impénitent*, comme il le « disait lui-même, a été non seulement un *catho-* « *lique pénitent,* mais un amant passionné de la

« Croix de Jésus-Christ. » — Voilà, sous le sceau
de la célébrité de Montalembert, le qualificatif de
libéral impénitent attaché, ce semble, à tout
jamais au nom de Lacordaire.

Qu'en est-il cependant? Quand, ce mot, ainsi rendu
fameux, a-t-il été dit? Où a-t-il été dit? A quelle
occasion? Dans quelle circonstance? Quel rapport
peut-il avoir eu avec une doctrine qui n'a été formulée que plus tard par Montalembert, et en opposition avec celle professée publiquement par
Lacordaire?

Autant de questions sans nulle réponse.

Eh bien, cette réponse, la voici. Elle est d'un
témoin devant lequel, à tous égards, il n'est personne qui ne doive s'incliner. Je la donne avec les
soulignements de son vénérable auteur, et telle
qu'elle m'arrive par l'intermédiaire du respectable
Religieux auquel elle est adressée :

Toulouse, 19 octobre 1884.

Cher Révérend Père,

Vous faites appel à mes souvenirs personnels d'ancien Prieur
du Couvent de Paris, à propos des paroles du P. Lacordaire

rendues célèbres : « Je mourrai catholique pénitent, libéral impénitent. »

Je commence par vous dire que le Père, en cette circonstance, a parlé *per modum joci*. De sa part, c'était une *joyeuseté*. Certainement, ses paroles n'avaient pas, alors, le sens *désobligeant* qui leur fut donné depuis, dans l'intérêt de partis qui les ont tour à tour alléguées pour s'en couvrir ou les incriminer.

Voici les faits : C'était après le discours de réception à l'Académie française. Le lendemain, je crois, un groupe de jeunes gens catholiques, dirigés par des influences qui ne relevaient pas de nous, avait sollicité et obtenu l'honneur d'être présentés au nouvel Académicien. Les religieux n'approuvaient pas tous également ce projet : soit à cause de la fatigue très grande du Père, soit à cause de l'état des esprits, soit à cause de l'abus qu'on pourrait faire de certaines paroles qui échapperaient, peut-être, dans l'abandon d'une réception privée et presqu'intime; ce qui est arrivé.

Après avoir manifesté, dans une allocution, sa profonde horreur pour tous les oppresseurs et son ardent amour pour la liberté de la sainte Eglise — passion de son âme toute sa vie — il aperçut un petit enfant, venu là avec son père. « *Ah !* » dit-il en lui faisant une caresse, « *voilà un petit libéral. Moi aussi, Messieurs, je suis libéral : libéral impénitent, catholique pénitent.*

Et, sans ajouter un mot, avec un sourire charmant à toute cette jeunesse, il en traversa les rangs émus et respectueux pour regagner son humble cellule où je l'accompagnai.

M. de Montalembert, qui m'écrivit alors, a su tout, exactement. Si d'une *joyeuseté* on a fait une *doctrine* mal formulée, ce n'est pas la faute de notre illustre et vénéré Père Lacordaire.

Agréez, cher Révérend Père, une fois de plus, l'assurance de mon bien affectueux et bien fraternel respect en N.-S.

FRÈRE JEAN-DOMINIQUE SICARD,
Des Frères Prêcheurs.

Voilà l'historique du propos en question ; ni plus ni moins.

Mais, si réduit qu'il soit à un *verbum volans,* et si détourné qu'il ait été à un *scriptum manens* dont ce serait se faire complice que de s'y attacher, n'en reste-t-il pas quelque chose de regrettable, fût-ce à l'encontre des plus solennelles déclarations doctrinales de Lacordaire? Ce serait être bien intéressé ou bien rigoureux, que d'y attacher une telle importance (1).

Mais non, cette petite pierre d'achoppement va se réduire encore jusqu'à disparaître entièrement, par l'explication que je vais en donner, moins pour elle-même que pour déterminer et circonscrire ce qu'il faut entendre par le libéralisme du P. Lacordaire.

(1) Avec cette critique là, on pourrait aussi bien faire de Lacordaire un Torquemada, à le prendre au mot de cette toute autre parole de lui dans la circonstance suivante : — Un prêtre, son ami, lui ayant dit, en parlant d'un de ces jeunes Frères Prêcheurs plus brillants que solides : « Il ne persévérera pas dans sa « vocation; par intérêt pour son avenir, il faudrait le remettre « aux études théologiques. » — « Mon cher ami, » reprit le Père. « vous croyez donc que l'on fait ce que l'on veut! *Depuis qu'il* « *n'y a plus d'oubliettes, il n'y a plus de moines.* » — Voilà qui ne sent pas son *libéral impénitent* et qu'on pourrait avec autant de raison opposer à celui-ci, s'il n'était plus sensé de mettre l'un et l'autre aux *oubliettes.*

C'est au retour de sa réception à l'Académie française, et après avoir manifesté, dans une allocution, *sa profonde horreur pour tous les oppresseurs et son ardent amour pour la liberté de la sainte Eglise, passion de son âme toute sa vie,* comme nous l'a dit le R. P. Sicard, que le mot de *libéral impénitent* est familièrement parti de ses lèvres. C'était une épigramme contre les oppresseurs de l'Eglise, lancée par celui qui sortait de vaincre pour sa liberté. Il faut le savoir, en effet : alors que l'Académie avait été au-devant du P. Lacordaire jusqu'à le dispenser de toutes les visites d'usage pour être admis dans son sein, le gouvernement impérial, sous lequel sa parole publique ne s'était fait entendre qu'une fois dans le mémorable congé qu'il prit de la liberté de la Chaire à Saint-Roch, avait fait tout ce qu'il avait pu pour entraver son élection ; celle-ci, par conséquent, profitait d'autant plus à la liberté de l'Eglise, qu'elle s'était faite en dépit de ses oppresseurs. C'est en ce sens *circonstanciel* qu'il se dit alors *libéral*. — Mais cet intérêt de l'Eglise, dans sa réception à l'Aca-

démie, préoccupait-il donc alors si fort l'illustre
Père? — Ici, qu'il me soit permis d'apporter mon
propre témoignage. Comme il allait se rendre à
cette réception, il me fit l'honneur de me recevoir seul dans sa cellule; et, aux compliments que
je lui faisais sur cet évènement, il s'anima en me
répondant par ce seul mot : *Oui, c'est un beau
jour pour l'Eglise!*

Il n'y voyait que cela. Et, en effet, le R. P. Chocarne, exprimant dans le tableau de sa *Vie intime*
ce même sentiment, commun à tous les Ordres
religieux personnifiés dans leur Restaurateur en
France, de s'écrier : « Entre Lacordaire déguisé
« pendant le choléra de 1832 dans les hôpitaux de
« Paris, et Lacordaire à l'Académie française, quel
« abîme franchi! et pour ceux qui ont vécu avant
« et pendant ce quart de siècle, quel prodige! quelle
« victoire inespérée! Loué soit Dieu qui a fait ce
« miracle! (1). » Il est certain qu'envisagé ainsi,
comme triomphe de Rome ayant regagné pied à
pied une si grande part du terrain qu'elle avait

(1) T. I, p. 189.

perdu depuis 1789, ayant forcé, pour ainsi parler, toutes les portes de l'opinion jusqu'à celles du palais Mazarin, à coups de victoire d'une parole de Moine invité à y prendre place, il est certain, dis-je, que ce dernier coup porté à Carthage, permettait au nouveau Scipion de s'écrier comme l'ancien : *Montons au Capitole et rendons grâce au Dieu!* sans qu'on ait à chicaner le compte plus ou moins correct de cette même parole à son retour.

Voudrait-on voir les choses autrement? Voudrait-on que le Nazaréen se soit fourvoyé en s'asseyant à la table de nos Pharisiens, avec sa robe blanche parmi leurs habits brodés; entre M. Cousin et M. Thiers, lequel avait dit aux Ordres religieux du haut de la tribune nationale : *Nous ne vous devons que l'expulsion,* et en face du calviniste M. Guizot lui faisant les honneurs de la Compagnie? Veut-on qu'en cela il ait incliné au libéralisme, sans que *Marie-Madeleine,* seul écrit par lequel il ait payé son écot d'académicien, plaide au moins pour lui? — Mais, outre qu'à force d'être ainsi rigide et tendue, la corde de la

critique se rompt, je répondrai que ce serait igno-
rer le P. Lacordaire que de lui prêter dans cet
événement, comme dans tous ceux de sa vie monastique, toute autre vue que celle qu'il déclarait
lui-même : l'honneur de l'Eglise ; et que si en cela
même il s'exposait à la critique, il pouvait se rendre ce témoignage de saint Paul : « Quand à moi,
« je dépenserai libéralement tout, et me donnerai
« moi-même en plus par-dessus tout pour vos
« âmes, bien que, ayant tant d'affection pour
« vous, vous en ayiez moins pour moi (1). » — Il
a pu se tromper et passer le but parfois ; mais que
ne doit-on pas lui pardonner, pour un tel mobile,
sans parler encore de ses héroïques retours ?

Mais à cet égard même, il est digne de lui que
nous vidions à fond la question. Eh bien, oui, il
a eu un libéralisme, son libéralisme à lui. Expliquons-nous entièrement.

Le P. Lacordaire a aimé passionnément son siècle ; mais disons tout aussitôt : apostoliquement.
Il en avait été le fils, suscité de ses entrailles,

(1) IIe aux Cor., XII.

ayant connu, comme il nous l'a dit lui-même, *la douleur et le charme de l'incrédulité,* et mieux fait que tout autre en cela pour le traiter « d'une « parole amie, qui supplie plus qu'elle ne com- « mande, qui épargne plus qu'elle ne frappe, qui « entr'ouvre l'horizon plus qu'elle ne le déchire, « qui traite enfin avec l'intelligence et lui mé- « nage la lumière comme on ménage la vie à un « être malade et tendrement aimé..... » *Il s'est penché,* peut-on dire, sur son siècle. Mais *y a-t-il penché?* Non et loin de là; car il ne s'est penché sur lui que pour le redresser à la vérité *totale,* sans s'arrêter à aucun entre-deux, comme nous aurons lieu de le voir; et en cela, quel n'a pas été son mérite, son double mérite?

Mais voici où naît la divergence. Il aurait été trop exclusif dans cette manière apostolique. Lui qui avait été si dangereusement polémiste dans l'*Avenir* (quoique sa polémique n'y ait jamais été personnelle), devenu apôtre, il était revenu de la polémique jusqu'à l'antipathie. Et pourquoi à ce point? Parce que la polémique en matière religieuse lui paraissait contrarier l'apostolat. Ce grand pêcheur d'esprits dans les eaux de l'opinion ne souffrait pas qu'en battant celles-ci on effrayât le poisson, encore moins qu'on le pourchassât. Ce n'était qu'une question de procédé dans la même cause; mais il était voué au sien jusqu'à vouloir le dégager de toute *solidarité* avec l'autre, tant celui-ci lui paraissait de nature à compromettre sa parole amie auprès de ses auditeurs. — Voilà, en cherchant bien, quel était le libéralisme dont il se disait impénitent; impénitent comme il l'était de sa manière de traiter les âmes; libéralisme relatif de ministère et de méthode, pour mieux attirer le siècle au même giron catholique de la foi.

Est-ce là une conjecture qui me soit inspirée par une partialité trop sympathique? Aucunement. Qu'il me soit permis, à cet égard, en raison de l'importance de cette distinction, et sauf à dire ensuite mon sentiment sur ce qu'elle avait, selon moi, de trop tranché, de révéler ici que j'en ai souffert moi-même l'expérience. Voici comment :

Je lui avais fait hommage de mon livre sur *Maine de Biran*, où M. Cousin, je dois en convenir, est traité par moi avec une rigueur extrême. Il me fit l'honneur de me répondre par une longue lettre datée de Sorèze 29 mars 1858. Il commence par louer cet opuscule en des termes que je ne saurais rapporter. Il déclare, en somme, qu'il en a été touché et satisfait, de tout point, sauf un seul. « J'ai seulement regretté, si vous « me permettez cette franchise », dit-il, « *la* « *manière* dont vous traitez M. Cousin. » Puis, après un plaidoyer de circonstances atténuantes qui est un chef-d'œuvre d'indulgence en faveur de celui-ci, dont il ne méconnait pas d'ailleurs les torts mais qu'il croit en voie de résipiscence, il en vient à me dire : *Il me semble étrange de presser un homme l'épée à la main pour le convertir.* Généralisant ensuite ce qui n'était que propre à la personne de M. Cousin, dans mon livre, et y enveloppant, au trop grand honneur de celui-ci, et Royer Collard dont je n'avais aucunement parlé, et Maine de Biran que j'avais défendu et dont j'avais même

opposé l'exemple, il éclate en ces mots : *Pour moi,
je me sens pris d'une tout autre envie que de les
traîner, la corde au cou, dans le camp ennemi.* —
Enfin il termine ainsi : « Voilà, Monsieur et cher
« collègue en la vérité divine, *le seul point* où
« j'ai regretté votre inspiration. Elle m'a paru, *en
« ce point seulement,* se ressentir d'une école où
« la passion conduit trop..... » Le reste de la phrase
se laisse assez deviner.

Voilà tout le P. Lacordaire révélé par lui-même,
et son prétendu libéralisme réduit *à ce point seulement,* d'avoir entendu autrement que ses collègues
en la vérité divine, le service, non le zèle de cette
même vérité.

Mais par là même ne se ressentait-il pas, de son
côté, d'une école où la passion des accommodements
à tout prix conduit à faire échec à la vérité en
incriminant son zèle? Ce serait méconnaître totalement le caractère si droit et si franc de Lacordaire
que de lui en supposer la conscience. — Qu'une telle
école existât, dès cette époque, ce n'est pas douteux.
Que, par affinité de relations, il s'y soit un moment

laissé prendre, ou plutôt méprendre, c'est possible.
Mais ce qu'il faut dire tout aussitôt, c'est que, entre
l'intention de cette école et la sienne, il y avait un
abîme : chez elle, intention académique; chez lui,
intention apostolique. Si bien que, sans en tenir
compte et par une de ces belles ruptures qui ont
plusieurs fois honoré sa vie, il apparaissait soudain
sur le bord opposé.

Expliquons-nous toutefois envers lui-même, dans
cette meilleure intention et pour l'intérêt commun
de la vérité, sur cet article.

L'apostolat, si puissant qu'il soit, ne saurait être
exclusif de la polémique. Il est même intéressé à
celle-ci pour ne pas avoir lui-même à y descendre.
Que Moïse et Elie soient sur le Thabor dans la
céleste lumière du Fils de Dieu; mais qu'on souffre,
au pied de la montagne, l'exorcisme des possédés.
Alius sic, alius vero sic. Ce sont des offices divers,
inspirés d'un même zèle et dont chacun, dans son
ordre, concourt au même but selon l'état des esprits
et les besoins des temps. Aujourd'hui, par exemple,
ce serait une illusion par trop aveugle pour être

pardonnable, de croire qu'il n'y a que des égarés à convertir, et point de pervertisseurs publics à combattre, et point de faussaires de la vérité à démasquer, alors que nous sommes *au sein de la guerre la plus épouvantable que les ennemis du nom catholique aient déchaînée contre l'Eglise, et que, dans l'universelle corruption des idées et des mœurs, le souverain bien, qui est la foi chrétienne, est mis en péril par les embûches dressées de toute part* (1). Que de vérités à défendre, à maintenir, à dégager, et trop souvent à venger contre le mensonge, la mauvaise foi, la duplicité, l'erreur obstinée et l'ignorance volontaire, en passe de devenir chronique? C'est le cas, ou jamais non, de rappeler l'exemple sacré et figuratif de la reconstruction du temple sous Néhémias parmi des ennemis innombrables, et d'user, envers ceux de nos jours, de la même stratégie pour les contenir et les repousser : « pendant que la moitié fait l'ou-« vrage de Dieu en réédifiant le temple, que *l'autre*

(1) Allocution de Sa Sainteté Léon XIII, au Consistoire du 10 novembre 1884.

« *moitié* combatte, la lance en arrêt et le glaive au
« poing; et que les chefs du peuple saint soient
« derrière eux dans toute la maison du Sei-
« gneur (1). » C'est ce que nous voyons heureusement de nos jours, et ce qui élève la presse restée
catholique au caractère d'ordre militant faisant tête
de toute part aux assaillants de la vérité divine et
les tenant à distance par la promptitude et l'à-
propos autant que par la supériorité de ses ripostes.
Qu'il y ait des réserves à y faire, des imperfections
à y critiquer dans la mesure ou dans le ton, que
la passion y empiète parfois sur le zèle, la personnalité sur la vérité, et que celle-ci par suite en soit
accidentellement forcée comme par une sorte de
libéralisme à rebours, ce serait demander trop à
la chaleur de l'action que de s'en rebuter, surtout
lorsque cela est racheté par la promptitude d'autant
plus exemplaire de l'obéissance. — Remarquons
d'ailleurs que c'est le grand mérite de l'ensemble
qui fait ressortir ces imperfections, et que ce doit
être le mérite du lecteur de les supporter en faveur

(1) *Néhémias*. ch. IV.

d'une droiture de fidélité si soutenue parmi tant de déplorables défections.

Voilà ce qui dégage cette vaillante presse de la prévention que Lacordaire avait autrefois contre elle. — Mais voilà aussi ce qui doit le dégager lui-même de la prévention qu'elle aurait gardée contre lui.

Hunc veniam petimusque damusque vicissim.

Sachons admettre *la diversité* des offices et de leurs caractères *dans l'unité* du but commun, ce qui est le cachet des œuvres de Dieu. Ne nous faisons pas critérium exclusif les uns des autres, zélateurs que nous serions alors de nous-mêmes plus que de la vérité.

Lacordaire l'a fort bien dit, et il n'est que juste de lui en adjuger le bénéfice : « L'Eglise n'a pas une « seule sorte d'ouvriers ; elle en a de toute trempe, « formés par cet *Esprit qui souffle où il veut,* « *qui donne sans mesure,* mais avec distribution... « *afin d'employer toute sainteté au ministère*

« *qui édifie le corps du Christ* (1). Enfant de
« cet Esprit un et multiple, respectons sa pré-
« sence en chacun de nous, et dès qu'une âme a
« rendu dans le siècle le son de l'éternité, dès
« qu'elle témoigne en faveur du Christ et de son
« Eglise, ne nous montrons pas si rigoureux (2). »
Or, qui a plus rendu que lui dans le siècle le *son
de l'éternité?* Qui a plus témoigné que lui en
faveur *du Christ et de son Eglise?* Qui plus que
lui, je dirai même *autant* que lui, a aimé l'Église
de cet amour filial, exclusif, désintéressé, éprouvé,
mortifié, humble surtout, et en cela d'autant plus
fort? Qui lui a plus sacrifié de son tempérament,
de toute autre ambition dont pouvait le tenter
son génie, de la gloire même qui lui en revenait?
Quelles œuvres, apostolique et monastique, en
témoignent plus que les siennes? Pour tout dire
enfin, qui, de nos temps, par plus de mérites, a
approché si près que lui de la sainteté?

(1) Saint Jean, ch. III, v. 8 et 34. — Saint Paul aux Hébreux, ch. II, v. 4. — *Idem* aux Ephésiens, ch. IV. v. 11 et 12.

(2) Préface des Conférences.

Cet unique amour de l'Eglise, du jour, de l'heure où il en a été saisi dans le siècle, en même temps que de la foi, a été le mobile souverain de tous les actes de sa vie, même de ceux qu'on a pu critiquer, ou plutôt qu'il a été le droit de critiquer, plus encore, dont il a accru son mérite, en les rachetant exemplairement lui-même ! Aussi n'appartenait-il qu'à lui de définir un tel amour et d'en rendre la rigueur singulièrement difficile et arduc, pour tant d'autres. Ecoutez ces remarquables paroles qu'il adressait à Montalembert chancelant sur le bord de l'abîme où disparaissait Lamennais : « J'aimerais mieux me jeter à la « mer une meule de moulin au cou, que d'en- « tretenir un foyer d'espérances et d'idées, même « de bonnes œuvres, à côté de l'Eglise. » Non pas d'espérances et d'idées seulement, mais de *bonnes œuvres même* ; et non pas à l'écart, mais même *à côté de l'Eglise* : c'est-à-dire, qui ne procédât pas exclusivement du sein maternel de l'Eglise, et qui ne s'y rapportât pas uniquement.

Voilà le vrai critérium de tout jugement à porter sur le P. Lacordaire : d'où nous pourrions conclure dès à présent, par l'argument de conviction : *Je l'ignore, mais je l'affirme*, que s'il fut libéral, ce n'est pas du libéralisme que l'on pense.

Mais, si légitime que soit cette induction de tout ce que nous avons vu de lui jusqu'ici, dégagé de toutes ses circonstances, nous n'y sommes pas réduits ; ou plutôt nous ne nous en contentons pas. La prévention et le parti-pris ont été si loin, que ce n'est pas assez de leur opposer une fin de non recevoir d'équité et de bonne foi et de s'en tenir à la question préalable. Une mémoire telle que celle de Lacordaire et qui pèse tant, pour ou contre, dans les balances de l'opinion, ne saurait souffrir la moindre équivoque sans préjudice pour l'accord des esprits.

C'est pourquoi nous reprenons nous-même l'instance, et nous mettons l'erreur libérale en demeure de la soutenir par sa confrontation avec les paroles et les écrits du grand Dominicain. Il faut savoir si, oui ou non, elle est fondée à se réclamer de lui, ou si un zèle mal inspiré est fondé à la lui imputer.

Les rôles, dès lors, sont changés. Ce sera à cette erreur de porter le poids de la discussion, puisque par sa prétention elle s'y est exposée. Quant à l'illustre Père, auquel elle aura à répondre ou de qui elle aura à subir la doctrine de vérité, il gardera, il achèvera de justifier, dans cette épreuve, la situation qui lui est déjà acquise à tant de titres : celle de l'*homme spirituel* de saint Paul, *qui juge et n'est point jugé* (1), si ce n'est à la grande manière dont il juge.

C'est ce que nous allons commencer à voir par les *Conférences*.

____

(1) Ire *Aux Corinth.*, 2, 15.

CHAPITRE IV

Le libéralisme jugé sur les conférences du P. Lacordaire.

C'est le saint mérite du P. Lacordaire, en même temps que la grande autorité de son exemple, que, libéral par les antécédents de son caractère, ayant gardé de ce libéralisme primitif tout ce qu'il en fallait et qui était permis pour agir sur son siècle par le genre de son apostolat auquel on peut dire qu'il était en cela naturellement prédestiné, il l'ait tellement corrigé, par sa plus intime union de science et d'amour à la sainte Eglise, qu'au lieu de catholique libéral que se disent communément ses faux disciples, il en était devenu, lui, libéral catholique. Ce qui est bien différent; car ce l'est du tout au tout. Dans le catholique libéral, en effet, le libéralisme est modificatif du catholicisme ; dans le libéral catholique à l'instar du P. Lacordaire, au contraire, c'est le catholicisme qui est modificatif du libéralisme. Ce sont deux versants opposés dans leurs points de départ, et par suite dans toutes leurs conséquences.

Lacordaire, enfant du siècle et incroyant, était uniquement libéral. Mais l'histoire de cette époque de sa vie nous apprend qu'il était libéral malheureux autant qu'on peut l'être, parce que son libéralisme se heurtait à tout sans trouver d'issue et de solution au problème de cette liberté dont il était passionnément inquiet comme du problème de toutes choses et plus particulièrement de sa destinée. Un trait de lumière et de grâce vint le tirer de là ; et, dans sa prompte fidélité à le suivre, il s'écria comme Archimède « Je l'ai trouvé ! » et, coup sur coup, il devint chrétien, catholique, prêtre, moine, si dès lors il l'eût pu, comme il l'a dit. Il entra ainsi dans toutes les profondeurs du catholicisme par où les catholiques se disant libéraux en sortent : par son libéralisme. Celui-ci,

dès lors, prit la forme, et, non seulement la forme,
mais la sève de l'Eglise, se greffa sur elle, se
catholicisa, pour ainsi parler, et brûla du zèle de
faire partager toutes les satisfactions qu'il y trouvait. La liberté de l'Eglise, ses vues, son action,
son influence, sa nécessité morale, sociale, politique, à l'encontre ou plutôt en rectification de
son libéralisme d'autrefois, devinrent le programme de son apostolat aussi bien que la règle
de sa vie; et son art ne resta libéral que pour
mieux nous y ramener par le même chemin qui
l'y avait amené lui-même. On ne sait pas à quel
point cela est vrai !

Cela ressort d'abord de son œuvre capitale, du
corps entier de ses Conférences de *Notre-Dame,*
sans qu'il y eût lieu d'en ouvrir le magnifique
recueil, et à ne considérer que par leurs titres
et par leur table la manière dont il y a conçu l'a-
pologétique de la Foi chrétienne.

Chose remarquablement significative, en effet, —
alors que les apologistes, les apôtres et les prédi-
cateurs de tous les temps, même du nôtre, et

dans la même chaire de Notre-Dame, comme le Père de Ravignan, de sainte mémoire, visent à convaincre les esprits par l'exposition des diverses preuves de notre foi, ou à toucher les cœurs par la considération des *fins dernières* de l'homme, dans ce qu'on a justement appelé des *Retraites,* parce que chacun y est pris *individuellement* à partie en vue d'y être immédiatement *converti,* — le P. Lacordaire n'y traite, de tant de vérités et de considérations, qu'une seule : DE L'EGLISE, DU CATHOLICISME, *de sa doctrine, de sa vertu, de sa puissance et de ses effets* dans leur plus grande *généralité*. Ce n'est pas que de ce vaste et unique horizon il ne fasse jaillir à chaque instant mille et mille éclairs de nature à illuminer et à toucher son auditeur, soudain. Mais enfin, ce n'est là que l'heureux à propos de son but final, auquel il rapporte et subordonne tout, et qui est toujours de *convertir le siècle à l'Eglise,* en la lui montrant comme la Mère de toute liberté véritable, et comme répondant souverainement par là même à toutes ses aspirations. Je dis *toujours;*

parce que ce n'est que sur la fin et après avoir épuisé, pour ainsi parler, toute la matière, qu'il introduit au cœur de la place, et fait apparaître plus directement, et peut-on dire face à face, Jésus-Christ et Dieu. — C'est pourquoi Lacordaire pourra être appelé entre tous : « l'Apôtre du Catholicisme. » Ça été là sa grande et glorieuse mission, et il y a dépensé tout son génie.

Cela reconnu, est-il concevable, je le demande avant tout autre examen, qu'il se soit voué avec un zèle si exceptionnel à cet Apostolat pour en trahir l'objet même, le Catholicisme, en donnant dans ce libéralisme doctrinal dont le propre est de le réduire à la condition privée, et de le tenir en promiscuité avec toutes les erreurs? *Catholicisme* et *particularisme* hurlent ensemble. Mais combien plus cela serait-il dans la bouche d'un apôtre du Catholicisme? Or, a-t-on jamais pu en relever la moindre trace dans tout le corps des conférences du P. Lacordaire? Tout au contraire, qu'a-t-il excepté de la vertu, de la puissance et de la juridiction spirituelle de l'Eglise? Rien,

absolument rien. Si bien, que ses conférences
sont un cours complet de toutes choses, intellec-
tuelles, morales, sociales, économiques, politiques
même, ramenées à cette divine juridiction et
convaincues de n'avoir de vertu et de vie que
par elle. Qu'on préconise, à juste droit, tout autre
champion de la cause catholique, nous y applau-
dissons; mais, les conférences du P. Lacordaire
à la main et vu le temps où il parlait et le
public auquel il s'adressait, nous n'en dirons pas
moins : qui fut plus grand, plus pur, plus complet
et plus méritant catholique que lui? Je dirai plus :
qui fut catholique aussi avancé d'époque que lui?
Il le fut jusqu'à la prophétie et il nous prêche
encore aujourd'hui, surtout aujourd'hui ! J'en appelle à quiconque ouvrira, au hasard, le livre
d'or de ses Conférences.

.Dès leur début, et pour ainsi dire à leur fronton,
il va inscrire un mot qui est tout un monde de
doctrine en sens opposé du monde libéral.

C'est en sa station de 1835. Il n'est pas encore

Religieux. Il n'est que Lacordaire, connu par ses entraînements libéraux. Il monte en chaire, objet de toutes les curiosités et de maintes alarmes. Par quel sujet, en sept conférences, s'annonce-t-il ? — DE L'ÉGLISE. — Et il en vient, dans la quatrième, à traiter : *De l'établissement sur terre du Chef de l'Église.*

Eh bien qu'en dit-il, ou plutôt, qu'en disait-il dès ce temps-là ? — Aujourd'hui, nous savons tous à quoi nous en tenir. Mais alors ? mais dans l'intervalle ? On le sait, et il n'est pas nécessaire, il n'est pas même prudent d'évoquer le libéralisme à l'épreuve de la question de l'infaillibilité pontificale, avant, pendant et même après le Concile. Or, qui ne s'est demandé, qui ne se demande peut-être encore ce qu'aurait été le P. Lacordaire dans cette insigne épreuve où la sagesse même de plusieurs hésita ; ou plutôt, qui ne serait porté à le ranger parmi les moins sages dans l'opposition libérale ?

Il n'appartient qu'à lui de nous répondre par un de ces mots frappés dont sa courageuse hardiesse avait le secret :

« *La Papauté*, Messieurs, *c'est* LA VÉRITÉ REN-
FERMÉE DANS UN SEUL HOMME. »

Et ce n'est pas dans une assemblée de docteurs,
ni au temps de l'agitation de la question, en 1870,
qu'il a fait entendre cette stupéfiante parole qui
aurait paru heurter les voûtes mêmes du Vatican
de son inopportun éclat : c'est dans un auditoire
de libres-penseurs, et trente-cinq ans à l'avance,
sans autre précaution que de citer, tout au long,
les textes de l'Evangile qui l'établissent divine-
ment.

Aussi ne fit-il que l'énoncer en vue de la seule
question qu'il se proposait et où le libéralisme ne
se trahit pas moins chez plusieurs à cette heure-ci
même : celle du pouvoir temporel *civil* du Pape,
la Question romaine, qui dormait encore dans
son quart de siècle à venir, mais qu'il prévenait
et tranchait par ce qui était déjà pour lui le dogme
de l'infaillibilité pontificale. Et comment ? Par ce
simple argument qui est des plus topiques qu'on
puisse employer, aujourd'hui que ce dogme est

passé en force de foi, et que son opportunité est rendue si manifeste par le magistral usage qu'en fait Léon XIII : à savoir, que la Papauté étant la vérité renfermée dans un seul homme, ce seul homme ne saurait être lui-même renfermé. Deux choses corrélatives et s'entraînant l'une l'autre dans la divine institution de la Papauté.

« La Papauté ou le Souverain Pontificat, disait-
« il, entraînait avec soi deux choses : la supré-
« matie spirituelle et l'indépendance temporelle.
« Sans la suprématie spirituelle, l'unité n'était
« qu'une chimère ; sans l'indépendance tempo-
« relle, la suprématie n'était que la mise en escla-
« vage de *la Vérité, renfermée dans un seul*
« *homme*, et ce *seul homme* livré à la merci d'un
« empereur, d'une république ou de tout autre
« pouvoir humain. Il fallait donc, etc... »

Voilà, sur ce point capital, le libéralisme de Lacordaire, dès 1835, comme si le demi-siècle qui s'est écoulé depuis n'eût été, pour son regard de sentinelle, que la nuit qui sépare la veille du lendemain.

J'ai dit : *le libéralisme* de Lacordaire. En effet : Si, *libéral*, dans la seule acception avouable, veut dire partisan des libertés publiques, quelle de ces libertés peut subsister sans la liberté première de la vérité et de son organe universel dans le monde, l'Eglise, la Papauté ? C'est donc être un parfait amant des libertés que de l'être, avant tout, de cette liberté-là. *Veritas liberabit vos* « la vérité vous rendra libres, » a dit la Vérité même (1) au sein de la plus monstrueuse servitude qu'ait jamais connue l'humanité ; et dix-neuf siècles passés sur cette Parole n'ont fait que la sculpter en relief de plus en plus par tous les affranchissements civilisateurs qu'elle a produits ; à ce point, qu'elle n'est plus une parole de foi seulement, mais d'histoire, que tous les publicistes, à quelque confession qu'ils appartiennent, nous expliquent, unanimement, par la distinction autant que par l'union du spirituel de l'Eglise et du temporel des sociétés, qui, après

(1) Jean. VIII. 32.

avoir été affranchies par elle du césarisme antique, n'ont fait que progresser depuis en liberté, à proportion que l'Eglise a combattu et vaincu pour elles. — Et de cela, nous n'avons pas seulement cette épreuve incommensurable ; mais il nous était réservé d'en avoir, d'en être nous-même la contre-épreuve, en ce que, du jour séculaire où la divine Parole a été répudiée, ce n'est plus en relief, mais en creux ironique et en retrait sonore de liberté, pour ainsi parler, qu'elle s'est gravée dans notre sort.

Et cependant il est un libéralisme qui, tout en se disant chrétien, et même catholique, estime qu'elle a fait son temps, comme *droit public* des sociétés modernes ; et qui, pour réagir contre sa plus mortelle ennemie, la Révolution, ne trouve rien de mieux que de se rabattre, exclusivement, au prétendu *droit commun* de cette Révolution même. Voici à peu près son raisonnement : la Révolution est passée en force de chose ; elle peut déjà opposer un siècle à dix-huit siècles comme durée. Il est vrai qu'elle dépossède Dieu de l'Etat et l'Etat de

Dieu : ce qui ne s'est jamais vu nulle part dans le monde. Les sociétés qui en courent la chance, il est vrai encore, paraissent devoir y périr, — n'était une chose, — à savoir, le droit commun de liberté de conscience et de religion, qui est un des principes de la Révolution et qu'elle peut d'autant moins dénier aux consciences honnêtes, qu'elle en est plus libérale à l'égard des doctrines les plus subversives et les plus perverses. — Eh bien, dit-on, c'est de ce droit commun-là qu'il faut savoir se contenter, à l'exclusion de tout droit public chrétien, et même déiste, sacrifié à la Révolution. Nous la tiendrons par là d'autant mieux que ce sera par ses propres principes. Eh! que faut-il, après tout, pour chacun en particulier, que de faire librement son salut comme il l'entend, en exerçant, autant que possible, sa religieuse influence autour de soi; mais sans prétendre, la chose étant d'ailleurs impossible et nullement regrettable, à la *théocratie* d'Etat.

Que dirait Lacordaire de ce christianisme au rabais? Qu'en dirait-il, je ne dis pas sous le poids écrasant de ce qui en est à l'heure présente, mais en vue de demain? Composerait-il ainsi, même avec un régime moins ouvertement révolutionnaire, à mi-pente de l'abîme, tel, en un mot que celui où il lui était encore permis de passionner les foules, par la liberté de son apostolat?

Eh bien! il dirait au moins ce qu'il en a prédit.

Reportons-nous en effet à ce monde politique-là, penchant et poussé vers l'état où nous sommes par la loi fatale des mêmes principes. C'était en 1844. Le saint orateur achevait de faire entendre cette inoubliable station qui, soit pour le fond, soit pour la forme, restera parmi les chefs-d'œuvre de la parole humaine inspirée du vrai, du bien et du beau, sur les Vertus réservées : *l'humilité, la chasteté, la charité, soit apostolique, soit fraternelle ; la vertu de religion, passion de l'humanité ;* la Sainteté en un mot, qui en est tout à la fois la racine et la fleur. Vertus *réservées,* les appelle-t-il très bien. Et pourquoi? Parce qu'elles sont, par essence, le privilège exclusivement surnaturel et divin de la

seule *Doctrine catholique*, en faveur de laquelle
se trouve ainsi tranchée toute compétition de
Vérité, par le fait seul de cette caractéristique
aussi irréfragable que manifeste : *la Vertu* à sa
plus haute puissance.

Or, cela étant — et même en preuve péremp-
toire que cela est, — quel est le sort inévitable
réservé à cette Doctrine, au sein d'un monde politique qui ne la professe pas? — Si vous voulez
avoir la rare émotion de la sainteté ayant conscience de son honneur et de sa victoire dans sa
défaite, écoutez :

« ... Cette vie des saints, Messieurs, ce n'est pas
« un phénomène rare réservé à un temps ou à un
« pays. Partout où la doctrine catholique prend
« racine, là-même où elle n'est déposée que comme
« un grain dans un rocher, la sainteté y prend
« naissance et s'y manifeste en quelques âmes
« par des fruits qui défient l'estime et le mépris
« de la raison. Cette extravagance sublime date
« d'une folie plus haute encore et plus inénarra-

« ble, de la folie d'un Dieu, mourant sur une croix

« la tête couronnée d'épines, les pieds et les mains

« percés, le corps tout meurtri. Depuis ce jour-

« là, cette contagion n'a cessé de choisir des

« victimes dans l'univers, mais, par une préfé-

« rence singulière et jalouse, elle ne les choisit

« *qu'au sein de l'Eglise catholique, apostolique,*

« *romaine.* A nous seuls est resté l'héritage de la

« croix, la tradition vivante du martyre volon-

« taire, la dignité de l'extravagance et la gloire

« du sublime... Nul ne s'y trompe, tout le monde

« nous reconnaît à cette marque; la croix n'a ja-

« mais subi de contrefaçon.

« Eh ! Messieurs, le monde ne s'en tait pas, il

« n'essaye pas de nous ravir ce privilège ; il essaye

« seulement d'en faire contre nous une raison

« et un instrument d'oppression. Que dit-il *au-*

« *jourd'hui* (1) quand, pour toutes nos œuvres,

« nous réclamons *le droit commun ?* Il ne nous

« conteste pas ce droit, il ne nie pas que la liberté

« n'en soit écrite dans la nature et dans la cons-

(1) 1811.

« titution du pays. Mais il nous dit : Nous ne
« pouvons pas lutter avec vous de vertu et de
« dévouement ; vous avez dans votre essence d'in-
« croyables ressources dont nous ne possédons
« pas le secret, et, par conséquent, l'égalité n'existe
« pas entre vous et nous, la liberté doit vous être
« refusée comme une compensation en notre fa-
« veur (1). Il faut vous enchaîner pour établir
« l'équilibre des forces humaines, et, encore, vos
« mains liées au mur, nous ne sommes pas cer-
« tains qu'elles ne seront pas plus longues que
« les nôtres... *Le monde a raison*, Messieurs,
« nous sommes les fils uniques du Christ, nul autre
« ne peut s'enorgueillir d'une servitude qui a
« pour justification la grandeur même de la vertu.
« Comme on lui cloua les mains et les pieds pour
« l'empêcher de sauver le monde, il est juste
« qu'on attache à sa croix sa *véritable* postérité.
   « Et encore nous ne voyons pas la fin. Quoi qu'il
« arrive de ce temps passager où nous vivons, ne
« croyez pas que la persécution s'arrête à ce qui

(1) Propres paroles de M. Challemel-Lacour en 1880.

« s'est vu et à ce qui s'est fait jusqu'ici... De jour
« en jour l'inégalité de mœurs entre l'Eglise et
« ce qui n'est pas elle, se manifestera davantage,
« et la suprématie surhumaine de l'Eglise, deve-
« nant de plus en plus intolérable, lui attirera de
« ses ennemis une plus parfaite et plus gorieuse
« persécution. On ne se contentera pas un jour
« de nous nier un droit : *on nous les niera tous;*
« le monde (1), fatigué de nous obéir malgré lui
« et de nous respecter malgré lui, tentera un
« dernier effort pour secouer de sa peau la lèpre
« de la divinité (2)... Mais alors comme aujour-
« d'hui, *la vertu de Dieu* nous assistera : liés,
« impuissants, immobiles, cette vertu sortira de
« nous, comme elle sortait de la robe du Christ,
« sans que nous parlions, sans que nous bougions,
« par l'effet même de notre servitude, semblable
« au parfum qui, condensé par l'obstacle où on a
« voulu le renfermer, échappe par tous les pores,
« plus suave et plus violent ; semblable encore à

(1) *Politique* sous-entendu.

(2) Mot analogue des Paul Bert et de Douville-Maillefeu, l'un ministre, l'autre président de la Commission du budget *des Cultes.*

« une source qu'on a scellée et dont les eaux jail-
« lissent jusqu'au ciel. Ainsi, quand le monde
« entier se sera coalisé pour mettre le sceau à la
« fontaine divine de la Sainteté, le troisième jour,
« comme le Sauveur de son tombeau, l'eau se
« fera un nouveau passage, et les races humaines
« détrompées viendront s'abreuver dans son cours
« plus long, plus large et plus profond. »

Il n'appartenait qu'au génie de la Sainteté d'en
professer et d'en prophétiser la vertu dans un si
franc et si haut langage. Remarquons-y deux
plans : le premier, plan d'épreuve, le dernier,
plan de triomphe ; de triomphe général de la vertu
de Dieu devant régénérer les races humaines
comme il en fut à la Résurrection du Sauveur.
Le monde, une fois de plus, sera vaincu par les
vertus réservées à la seule doctrine catholique.
Cela est de foi, comme rentrant dans la divine
parole autant de fois justifiée qu'on en a pressé le
ressort : *Confidite ego vici mundum !*

Toutefois, de la hauteur évangélique d'où l'apôtre-prophète voit les choses, ce sont *les races humaines* qui en bénéficieront, et, en ce qui nous concerne, il ne nous en souffle la confiance que pour nous encourager à soutenir dignement l'épreuve qui est l'objet de la première et principale partie de sa parole. Car, il n'est pas également de foi, et, tout au contraire, comme on le voit par le sort du monde juif et du monde bysantin, que telle ou telle race en particulier dont l'infidélité se retrancherait dans l'erreur par rapport à la Doctrine catholique serait admise au partage de la victoire. Lui-même nous le dira bientôt expressément à nous faire trembler.

C'est donc à l'épreuve, telle qu'il la dénonce en premier lieu, qu'il faut juger ici de son sentiment sur notre conduite. Et à quelle épreuve donc? A l'épreuve du *droit commun* édicté par un monde politique ennemi. — Sans doute il est permis, en justice et en doctrine, la situation étant donnée, d'invoquer ce droit commun-là, faute de mieux. — Mais y faire le moindre fond serait de l'impéritie. Que serait-ce donc de nous y borner nous-même, à l'exclusion de tout droit public supérieur qui le régisse; et, bien plus, de pactiser avec son principe hostile à toutes nos convictions...? Ce serait oublier notre caractère de *fils uniques du Christ*; ce serait aliéner notre droit d'aînesse et la bénédiction de Dieu pour un plat de lentilles; ce serait avoir à l'apprendre de ceux-là même qui ne nous y soumettent que pour nous en exclure, et qui, en cela, mieux avisés que nous et nous estimant plus que nous ne nous estimons nous-mêmes, *ont raison*, dit fièrement Lacordaire. Et pourquoi raison? Parce que, bien que nous ne demandions que la liberté, rien que par la divine vertu de notre foi nous l'emporterions toujours dans la concurrence. — Eh bien, soit! qu'on nous ramène aux carrières! qu'on garrotte Samson! nous verrons après...! Mais, pour Dieu! que dans son fol amour pour Dalila, il ne se laisse pas couper, bien pis, il ne se coupe pas lui-même la chevelure!

Voilà, dès l'origine, le fond du sentiment de Lacordaire sur le droit commun libéral encore inconscient de lui-même et de son infirmité.

Mais depuis!

Depuis, chose inconcevable, cette erreur a pris corps et s'est systématisée à mesure que sa malheureuse expérience allait croissant, et j'ai le regret qu'il soit de la nécessité de mon sujet de l'accuser, non seulement pour en décharger l'illustre Père, mais pour mieux faire ressortir la voie toute opposée dans laquelle nous le verrons prendre son essor.

A cette fin, et surtout pour l'intérêt majeur de la Vérité, qu'on me permette donc ici un intermède.

CHAPITRE V

Le Libéralisme dans sa dernière phase.
Encyclique *Immortale Dei.*

Qu'est donc devenu aujourd'hui ce même droit
commun qu'il estimait déjà si stérile et si rabais-
sant? Eh bien! c'est le droit, en effet, *commun* à
toute doctrine sans exception, *ex æquo et malo,*
professé lui-même comme doctrine. — C'est la
distinction du bien et du mal socialement sup-
primée ; « distinction », a excellemment dit Lacordaire, « qui implique nécessairement, la pro-
« fession publique d'un Être supérieur, fondement
« et sanction de cette distinction même. » C'est
la souscription à l'État sans Dieu : non pas subi
comme joug à secouer; mais adopté comme pierre
angulaire de toute restauration politique et nationale. C'est le sacrifice de tout droit public au

droit commun et à ce droit commun. C'est l'abdication de tout principe public de gouvernement, supérieur à l'homme.

Assurément, il est loin de ma pensée d'inculper les intentions de nos frères libéraux jusqu'à les faire adhérer de gaîté de cœur à toutes les funestes conséquences engendrées de cette doctrine. Nul ne les repousse plus qu'eux. Mais ils n'en assument pas moins la responsabilité par l'admission de leur principe. Entre ce principe et ses conséquences, leurs efforts (comme il arrive d'ordinaire à ceux qui ont à se faire pardonner le point de départ d'une erreur) sont autant dignes d'admiration que de pitié. Que ne font-ils pas pour maudire et rejeter les fruits de cet *Arbre du bien et du mal*, tout en le cultivant, au lieu de se rallier à l'*Arbre de vie*? Quel cercle vicieux est le leur, et qui, par tout ce qu'ils y dépensent de raison, de conscience, de zèle, de talent et d'éloquence, sans en venir jamais à bout, n'est que trop comparable au supplice des Danaïdes et à leur tonneau sans fond. Tel est l'État *sans Dieu*.

S'il n'était encore que cela ? S'il n'était que la neutralité, que l'absence de gouvernement? Chimère énorme cependant! Mais on le sait, on le voit, et le fait dispense ici de la théorie : la place de Dieu ne souffre pas le vide. Dès qu'il s'y produit, le Mauvais Esprit, rôdant autour, ne fait faute (selon le parabole de l'Evangile, menaçant expressément d'un tel sort *la nation criminelle* (1) d'y entrer, *avec les plus méchants des siens,* pour s'en faire une place forte contre Dieu, et pour en arriver bientôt, par le cercle fatal des choses, à l'État-Dieu et à ses monstrueuses et abjectes apothéoses.

Toute question nationale alors ne se résout plus qu'en une question pure et simple de religion, à laquelle tout le reste est sacrifié : seulement, on a la religion du mal au lieu de la religion du bien; et cela, virtuellement, par le trajet et la pente de l'*État sans Dieu,* qui est le propre du libéralisme.

(1) *Sic erit generationi pessimæ,* Matth., XII. 45; ce que saint Pierre précise encore plus de celle qui *se laisse prendre à de fallacieuses promesses de liberté à elle faites par les esclaves de la corruption,* IIe Epit., c. II., v. 19 et 20.

Il faudrait, en effet, être volontairement aveugle pour ne pas reconnaître que la Révolution, dans son fonds, est un phénomène religieux *sectaire,* tant ce caractère ne se dissimule plus mais éclate de partout à la surface des choses. Elle ne se contente pas d'être l'Irréligion : elle pousse jusqu'à se déclarer et se poser elle-même comme tenant lieu de la religion et à s'en adjuger l'exclusif caractère à contre sens. Elle est, si j'ose ainsi parler, la religion, ou plutôt le fanatisme de l'irréligion.

Mais enfin, dira-t-on, toute religion a son dieu : quel est donc celui que professe la Révolution ? — Le voici.

Prudhon a consacré à cela trois tomes, intitulés : *De la Justice dans la Révolution et dans l'Eglise,* et qui se résument en ces quelques mots :

« La Révolution croit à l'humanité ; l'Eglise croit en Dieu. » — Voilà bien les deux *croyances,* les deux religions posées en face l'une de l'autre : celle de la souveraineté de l'homme, dont le credo est *les Droits de l'Homme ;* et celle de la souveraincté de Dieu ayant fixé sa demeure parmi nous dans son Eglise. L'une et l'autre au même titre de religion, on ne peut plus accentué par l'antagonisme.

Mais pourquoi *l'Eglise*, plus que la Religion en général, ou tout autre confession religieuse, a-t-elle ainsi le privilège d'être prise à partie par la Révolution? D'autres ont dit, en leur patois, *le Cléricalisme, voilà l'ennemi*, ou une autre basse appellation libérale que je ne veux pas relever. Proud'hon, lui, plus hardiment véridique, ne s'en cache pas. Poursuivant sa phrase, il dit, en bon français et presque dans les mêmes termes que Lacordaire : « ... Elle y croit (l'Eglise, en Dieu), « *mieux* qu'aucune secte : *elle est la plus pure,* « *la plus complète, la plus éclatante manifes-* « *tation de l'Essence divine, et il n'y a qu'elle* « *qui sache l'adorer* (1). » — C'est là qu'est Dieu. Et comme c'est à Lui que j'en veux comme à mon rival; comme c'est à son culte que je pré-

____

(1) *De la Justice,* etc., tom. 1er. p. 27.

tends, c'est là qu'il faut viser. Voilà ce qui ressort, dans une telle bouche, de cette parole.

Et la Révolution s'y connaît, par tout ce qu'il lui en coûte, et nous le ferait reconnaître au besoin par tout ce qu'il nous en coûte. Quelle preuve plus palpable de Dieu dans son Eglise, en effet, qu'on ne puisse s'attaquer à Elle sans s'attaquer à tout, absolument à tout, depuis les intérêts les plus spirituels et les plus relevés, jusqu'à ceux de l'ordre économique et social les plus organiques et les plus indispensables à l'existence. Et cela doit être, jusqu'à totale destruction, Dieu étant l'âme des choses. C'est sa démonstration sensible et celle de son Eglise par le contraire : la dernière pour ceux qui n'en seraient pas touchés.

Voilà donc la Révolution, *de par* elle-même. C'est une jalousie de religion et de Dieu lui-même dans la seule véritable. C'est une revanche, à vingt siècles de distance, de l'Esprit payen d'idolâtrie contre le Christianisme qui en a affranchi le monde. C'est une récidive de la Chute, à l'instigation du même Esprit, entraînant l'humanité à être son Dieu à elle-même. Pour tout dire, c'est le *Lucifer* de l'Ecriture, « qui frappe de « plaies les nations, *qui vulnerat gentes*, pour en « arriver à ce qu'il s'est dit : « J'établirai mon « trône au-dessus des astres de Dieu, et je me « ferai semblable au Très-Haut (1). »

On sait quel fut et quel sera toujours le sort de ce *révolutionnaire malheureux*, comme l'appelle sympathiquement M. Renan. A nous de voir si nous voulons achever de l'y suivre, ou nous rallier tous, au plus tôt, à ce cri sublime de l'Archange : Qui est comme Dieu ?...

Toute la question est là, telle que l'Encyclique *Humanum genus* en a accusé toute la profondeur.

Et néanmoins, — tant l'esprit d'erreur a de prestiges, à divers degrés, pour tromper, même les bons, quand ils ne veulent s'en rapporter qu'à eux-mêmes, — et néanmoins, dis-je, il en est de ceux-ci qui ne se départent pas encore de cette opinion à eux : que la Religion, n'ayant en vue

(1) Isaïe, ch. xiv.

que le salut de chacun de nous dans l'autre vie,
ne concerne que les particuliers entre eux dans
celle-ci, et qui s'autorisent de la sublimité même
de notre Foi pour l'éconduire pieusement des affaires publiques. Plus notre Religion est céleste,
selon eux, plus elle doit être, ils ne se bornent
pas à dire *distincte*, ce que nous professons tous ;
ils ne disent pas non plus *séparée*, ce que vise
par trop la Révolution ; mais *isolée* des Etats :
seule nuance qui les sépare de nos pires ennemis
et qui suffit à donner à ceux-ci carrière et, pour
ainsi parler, barre sur nous.

En réservant à Lacordaire de répondre magistralement sur ces points, humble servant que je
suis ici de sa parole, à laquelle je ne fais que
préluder ; en me référant, s'il m'est permis de le
rappeler, à ce que j'en ai écrit ailleurs (1), je ne
puis me défendre d'opposer, tout au moins, ce
fait éclatant, qui est comme l'axe de l'Histoire,
et qui implique visiblement un dessein et une

(1) L'*Etat sans Dieu*, qu'on me presse de rééditer, et *Mal
séculaire de la France*, qui n'a paru que dans une *Revue*.

doctrine : loin que le Christianisme se soit produit comme ne concernant que les particuliers privativement, ce qui a été visé par tous les oracles de la venue du Fils de Dieu sur la terre, avant, pendant et après, dans tout le cours des Saintes Ecritures, oracles dont, à ce même point de vue, s'émut si fort le monde payen, ce sont les Nations, depuis l'*Iste erit congregatio Gentium* de la Genèse, jusqu'à l'*Ite docete omnes Gentes* de l'Evangile : en conformité de quoi, l'Eglise, dès les premiers pas des Apôtres, s'est avancée rapidement de peuple en peuple jusqu'au cœur de l'Empire romain, qui a semblé ne les avoir unifiés politiquement que pour dresser en lui le siège de la Suprématie sociale de cette Eglise et le lui céder. Eh ! l'Humanité n'est-elle pas ainsi faite ? Le Christianisme, dont le propre objet était de la régénérer, pouvait-il la faire dégénérer de sa constitution naturelle en la désagrégeant ? Tout au contraire, la prenant telle qu'elle était encore physiquement, mais au penchant de sa plus grande décomposition sociale, — par nations, — il a fait surgir de tant d'éléments payens et barbares en confusion, ou plutôt en fusion, un monde nouveau de nationalités diverses, comme une seule et même ruche d'abeilles : merveilleux composé, qui a nom LA CHRÉTIENTÉ, et dont l'Eglise, à son centre, a été, est et sera toujours, sous peine de retour au chaos, la Mère et la Reine.

Et qu'on n'objecte pas le salut surnaturel des individus comme fin directe du Christianisme et de l'Eglise ; car le miel céleste de ce salut réclame précisément cet ordre social chrétien où il s'élabore autant qu'il y concourt, et c'est pour lui que tout s'agite en ce monde : *Omnia propter electos.*

Ce sont là des lieux communs, non-seulement de foi, mais de sociologie et d'histoire. Que si, néanmoins, la vérité de cette Eglise, de laquelle a relevé tout le passé et à laquelle n'est pas moins suspendu tout l'avenir des peuples et de leurs Etats, est tombée en désuétude et par suite en ignorance chez plusieurs, qu'ils se rappellent au moins ces beaux vers de Racine, qui n'en sont que le calque littéral :

> Regarde tous ces rois de ta gloire étonnés :
> Les rois des nations devant toi prosternés,
>   De tes pieds baisent la poussière :
> Les peuples à l'envi marchent à ta lumière !

Et ceux-ci s'appliquant à nos jours :

> Lumière des esprits, tu pâlis, ils pâlissent !
> Fondement des Etats, tu fléchis, ils fléchissent !
> Sève du genre humain, il tarit si tu meurs !
> Racine de nos lois dans le sol enfoncée,
> Partout où tu languis on voit languir les mœurs (1).

Ce n'est pas que la Religion catholique du Christ en son Eglise pâlisse, fléchisse ou tarisse en elle-même de nos jours : jamais, au contraire, elle n'a montré plus d'éclat, de fermeté et de sainte vigueur ; mais elle fléchit, elle meurt en nous, ou plutôt nous mourons à elle, par l'interdit où nous la tenons de nos constitutions, ou plutôt nos constitutions d'elle ; ce qu'on pourrait appeler un schisme anti-social. Voyez-en, en effet, la rigoureuse conséquence.

La Religion étant ainsi isolée de l'Etat, l'Etat se trouve lui-même isolé de la Religion. Cependant la

_____

(1) *Hymne au Christ,* le plus beau qui soit sorti de la harpe de Lamartine, v^e *Harmonie* du livre III.

moindre politique ne peut se passer d'un Droit-Principe de gouvernement, inspirateur de ses lois, ré-
gulateur justificatif de ses actes, consécrateur de
son autorité, et tant vaudra ce Droit-Principe, tant
vaudra cette politique. Or, quel est le principe
que professe la politique libérale? Le principe qu'elle
professe ? c'est de n'en avoir aucun. Eh bien, par là,
elle est inférieure à tout, jusqu'à ne plus compter
et à disparaître. Elle est politiquement inférieure
même et surtout à la Révolution ; car la Révolution
a un principe, elle, et même *des principes* : principes de subversion et de destruction, il est vrai,
mais qui n'accusent que plus l'inanité de ce libéralisme qui se fait fort de nous en sauver, alors
qu'il ne nous a conduit jusqu'ici qu'à la perte de
ces droits privés auxquels il se borne.

Mais le curieux est de savoir pourquoi il en est
ainsi réduit à ce néant de droit public de gouver-
nant. Or, le voici : c'est parce que, depuis le droit
public payen, il ne saurait y en avoir d'autre que
le Droit chrétien, et que le Droit chrétien, surtout
dans son intégrité catholique, est écarté systéma-

tiquement, comme entaché de *vice de perfection*, sans qu'on en ait aucun autre, si imparfait qu'il soit, à lui substituer. De telle sorte que ce nous serait un plus grand embarras politique d'être catholiques que de ne pas l'être, que d'être hérétiques, schismatiques, infidèles et payens; car ceux-ci ont un principe, un droit public religieux quelconque. Les Etats catholiques seuls, les pays latins, seraient déshérités d'un tel droit, et le Catholicisme, qui a fait le monde moderne et l'a élevé, de progrès en progrès, au faîte de la civilisation, serait désormais impropre, voué qu'il serait au ciel, à profiter aux cités humaines; réserve faite toutefois des races sauvages, pour lesquelles il serait encore bon, sur lesquelles, malgré sa perfection, il aurait encore prise, pour en tirer des peuples nouveaux.

Est-ce assez d'aberration ? Et qu'en conclure, sinon que si le Catholicisme étant ainsi désormais exclusivement voué au ciel, nous le serions, nous, à l'abîme ?

Un dernier point reste à toucher pour achever de

préparer cet important sujet à la parole de Lacordaire.

Le mobile du libéralisme honnête et son excuse serait la nécessité, à tout jamais, de compter désormais avec les libertés modernes dites de conscience et de religion, jusqu'à ériger cette nécessité en principe exclusif de toute religion publique, comme étant de nature à porter ombrage à ces libertés.

Qu'entend-on d'abord par liberté de *conscience et de religion?* Primitivement cela s'entendait de la liberté des cultes, autres que le catholicisme, en possession civile d'exercice et pouvant s'autoriser, relativement, de ce caractère de conscience et de religion. Mais, de ce sens positif et à sa faveur, on en est venu de pius en plus à donner à cette liberté un sens négatif; négatif de tout culte, de toute croyance, de tout principe spirituel, jusqu'à l'athéisme le plus éhonté et au matérialisme le plus abject, ayant le même droit civil de se produire et de s'afficher. On peut dire même que ce dernier sens a pris le pas sur le premier et que liberté de

conscience et de religion s'entend surtout aujour-
d'hui de ce qu'il y a de plus attentatoire à la religion et à la conscience. Je dis surtout, non pour
un tel usage en lui-même de la liberté, mais pour
le principe civil de la liberté, quel qu'en soit l'usage,
et comme devant être à l'épreuve de ce qu'il y a
de pis, pour ce qu'il y a de mieux. Tel est le libéralisme.

Il y aurait à refaire un volume sur ses désastreu-
ses conséquences accusant son erreur; ou plutôt
il n'est plus à refaire : il s'écrit chaque jour dans
ce qui se passe : c'est la fin d'une société.

Je dirai seulement ici pour l'acquit de la justice
et l'honneur de la vérité : que si les cultes dissidents ont été d'abord comme le manteau sous
lequel s'est insinuée cette calamiteuse erreur, ce
serait leur faire injure que de supposer qu'ils ne
la désavouent pas, et grief de les en faire respon-
sables. Ils sont hors de cause, leur droit civil est
sauf. Sans doute ce droit est relatif : ils sont *l'Hypothèse*. Mais ils ne sauraient avoir et ils n'ont
pas d'autre prétention; et cela pour deux raisons :

la première, c'est qu'ils ne sont pas, de presque
tout, la religion de la majorité des citoyens et
que le même ordre public qui est leur édit de
possession la détermine. La seconde raison c'est
que la Religion catholique, en elle-même, est la
Religion des religions, pour ainsi parler, comme
étant la seule intégrale partout; des plus aisées à
discerner comme telle, non seulement par ses mille
preuves pour qui veut s'en rendre compte; mais,
à première vue, même, par ses œuvres, ses vertus
et ses fruits que nulle autre ne peut contrefaire. Et
c'est pourquoi, comme, de sa grande voix, Léon XIII
l'a fait entendre au monde dans son Encyclique du
20 août 1884 : « La Religion catholique étant la
« seule véritable, elle ne peut, sans subir la der-
« nière des injures et des injustices, tolérer que les
« autres religions lui soient égalées. »

Voilà *la Thèse*, dont ne peut que bénéficier, loin
d'avoir à la redouter, toute religion avouable.
Autant, en effet, elle s'appuie sur la Vérité, autant
elle se recommande par le respect de la liberté des
âmes, ne pouvant être contraintes à la vraie Foi.

ne serait-ce que par honneur pour celle-ci ; et par la charité de cette Mère-Église qui toujours, — la véritable histoire en fait foi, — a désavoué la violence des pouvoirs civils contre les cultes dissidents, quand eux-mêmes ne la provoquaient pas par la leur ; bien plus, qui, en défendant de nos jours son indépendance spirituelle contre les assauts auxquels sa supériorité même l'expose, les couvre contre l'ennemi commun de toute religion.

Mais le libéralisme doctrinal ne s'en tient pas là. « Se laissant tromper par la spécieuse honnêteté « des *libertés modernes*, sans se rappeler de « quelles sources elles émanent et par quel esprit « elles se propagent et se soutiennent (1) », il les étend ces libertés à la profession publique de toute doctrine d'irréligion et d'impiété, contre les premiers principes de la religion naturelle elle-même. Jusqu'où ne va-t-il pas, en effet, dans cette voie, lorsqu'il accepte, non plus seulement que

(1) Encyclique *Immortale Dei* venant de paraître lorsque nous en étions à ce point de la révision typographique du présent écrit, 11 novembre 1885.

les autres religions, mais que ces doctrines perverses soient, dans leur droit de se produire,
civilement *égalées à la seule Religion véritable;*
lorsque, pour leur assurer cette égalité, il *neu-
tralise* les Etats jusqu'à les exempter de la profession de Dieu lui-même; lorsque, érigeant ainsi
en *thèse* ce qui ne saurait être admis, même en
hypothèse, il nous fait courir le risque de l'*anti-
thèse;* je veux dire de l'athéisme, et plus encore,
de l'anti-théisme d'Etat!

Erreur à honnête intention chez plusieurs, je
suis des premiers à le reconnaître. Mais n'en est-
elle pas d'autant plus pernicieuse par le crédit
qu'elle en tire (1)? Pourrait-elle être indéfiniment

----

(1) « Dans tous les efforts que nous aurons à faire pour sortir
« de l'abîme, n'oublions pas que ce sont *les honnêtes gens* qui
« nous y ont conduit... » LE PLAY, *lettre à M. Clodio Jannet,*
pour servir à *l'introduction* de son bel ouvrage : *Les Etats-Unis
contemporains.*

« Nous subissons un seul et même principe d'hérésie et de
« révolution sous des formes diverses, quoi qu'en disent les
« hommes qui veulent être *honnêtes en se maintenant cependant*
« *dans l'erreur.* C'est pour cette classe de *gens de bien* que
« votre livre est fait... » BERRYER, lettre qu'il m'adressa à propos
du *Protestantisme et de toutes les Hérésies dans leur rapport
avec le Socialisme.*

excusable alors qu'elle n'a pour elle que la conscience privée de ses honorables partisans, et n'y a-t-il pas d'autre critère de la Vérité dans le monde.....? Laissons à Lacordaire de prononcer sur ce cas de conscience où elle-même est par trop juge et partie. Voici comme il l'a fait, d'ancienne date, dans une de ses philippiques à Montalembert :

« La conscience, qui est tout dans le cours
« ordinaire de la vie, n'est rien quand elle est
« en opposition avec l'autorité. Les plus grands
« crimes se sont commis avec une conscience
« faussée. Quand la tienne serait sans tache,
« dans cette affaire, tu ne devrais pas l'écouter,
« mais bien la voix de l'Eglise, qui *déjà s'est*
« *élevée*, et qui s'élèvera *plus tard* avec un em-
« pire qui abattra tout orgueil! (1) »

Cette grande parole, seule, s'il en était besoin,

(1) Lettre du 22 octobre 1833, publiée par M. Foisset dans le *Correspondant* du 25 octobre 1861.

serait toute une révélation, à l'éclatante justification du P. Lacordaire. Jamais on n'a trouvé
plus juste le défaut de la cuirasse du libéralisme
honnête dans son rapport avec ce naturalisme de
la conscience privée ne tenant pas compte de
l'autorité surnaturelle de l'Eglise. Et comme cette
souveraine autorité y est visée haut et loin !
A plus d'un demi-siècle de distance, tout le cycle
de la question libérale est embrassé, peut-on dire,
ici, jusqu'à la prophétie, dans « cette voix de
« l'Eglise qui *déjà s'est élevée,* et qui s'élèvera
« *plus tard* avec un empire qui abattra tout or-
« gueil ; » c'est-à-dire de l'Encyclique *Mirari vos*
de Grégoire XVI, à celles *Quanta Cura* de Pie IX,
et *Immortale Dei* de Léon XIII, où cette même
voix grandissante a atteint, pour ainsi parler, son
maximum d'empire sur les consciences et sur les
esprits. Ne serait-ce pas dans Lacordaire un prodige de prévision si ce n'était simplement un sens
lumineux de droiture et d'incomparable soumission à toutes les décisions, intervenues ou à inter-
venir, de cette Eglise devant avoir toujours le

dernier mot de sagesse et de vérité à l'encontre de
tous les équivoques et de tous les faux-fuyants de
l'erreur, de quelque spécieuse honnêteté que celle-
ci se prévale? Comment s'y méprendre, rien qu'à
l'accent dont cela est dit par Lacordaire? Eh!
faut-il donc tant s'en étonner de lui qui, à deux
ans de là, et trente-cinq ans avant le Concile du
Vatican, devait débuter dans la chaire de Notre-
Dame par cette définition de la Papauté : *la Vérité
renfermée dans un seul homme?* — Décidément
ce prétendu libéral impénitent était un catholique
de la vieille roche : un Romain.

Mais ce qui en témoignerait au plus haut point
ce serait que, dès lors, il eût, non seulement prévu,
mais prévenu cette grande voix qui devait *s'élever
de nos jours* jusqu'à modeler sur Elle son apostolat.

J'entends parler de l'Encyclique *Immortale Dei*,
dont il nous faut, pour cela, apprécier le grand
caractère et la haute portée.

Comme il vient d'être si bien dit dans un docu-

ment signalé : « Dans sa divine prévoyance, Jésus-
« Christ ordonna que cette Infaillibilité doctrinale,
« qui fut toujours une prérogative reconnue de fait
« dans la personne de tous les successeurs de saint
« Pierre, reçût une définition dogmatique qui la fît
« apparaître dans toute sa lumière, et procurât au
« Souverain-Pontificat de nos jours un redoublement
« de vénération. En outre, dans les temps où le sur-
« naturel est tenu en si grand mépris, c'est un bien-
« fait providentiel que Sa Sainte té Léon XIII ait été
« dotée de ces mérites littéraires, de cette sagesse,
« de cette prudence, de ce tact pratique, grâce aux-
« quels même les ennemis de l'Eglise sont obligés
« de respecter sa personne sacrée (1). »

Ces deux choses, en effet : l'infaillibilité du Pape
ex cathedrâ, aujourd'hui incontestée et comme
allant de soi, après avoir été si entravée et disputée, et la merveilleuse appropriation à son usage
des dons naturels du glorieux Pontife qui semble n'en

(1) Lettre d'adhésion de la Compagnie de Jésus, par l'organe
de son Vicaire général, à la Lettre adressée par Léon XIII à
l'Archevêque de Paris. en appendice au recueil de toutes celles
de l'Episcopat.

avoir hérité que pour la faire reluire aux yeux les
plus distraits, ont élevé l'Oracle du Vatican dans la
foi ou dans l'opinion du monde à une incomparable
hauteur d'autorité. Témoin l'arbitrage internatio-
nal à Lui dévolu, de choix, par la puissance la plus
adverse, et qui ne fait que plus ressortir la monstrueuse anomalie de la captivité personnelle de ce
Pierre ès liens édictant des règles de conscience
et des arrêts de conduite aux cités humaines, alors
que cette juridiction lui est contestée dans sa propre maison. Dans la pleine conscience de ces avan-
tages surnaturels, si harmonieusement unis en lui,
c'est ce qu'il vient de faire dans cette Encyclique
immortelle comme le premier mot de son sujet, et
ce qui lui a permis d'y être calme et doux comme
tout ce qui est haut et fort. Le Saint-Père n'a pas eu
même, peut-on dire, à froncer le sourcil dans ce
grand acte de son Magistère, tant par lui-même il
a de poids. Ce n'est pas le Sinaï, comme il le fallait
en d'autres temps et en une autre situation, mais
le Thabor de la doctrine, où, après le premier
éblouissement, on y reconnaît une admirable syn-

thèse, une splendide *Somme* contre toutes les erreurs contemporaines et leur lien commun : le libéralisme, auquel il a été fait grâce de son nom, d'ailleurs inutile, tant la chose y est, et y est même d'autant plus remarquée. Merveilleux procédé, d'un tact exquis, qui est fait pour assurer à ce monument du génie pontifical la soumission universelle de tout enfant de l'Eglise et la méditative attention de tous les politiques ; parce que, sans rien diminuer de la vérité, il ne provoque aucune réaction, comme il ne favorise aucun triomphe.

C'est pourquoi je ne détacherai rien de sa structure si architectonique. Je le prendrai seulement dans son titre et son sujet capital : DE LA CONSTITUTION CHRÉTIENNE DES ETATS. C'est là, en effet, la pierre angulaire sur laquelle toutes les vérités viennent se dresser. C'est la cognée mise à la racine de l'erreur, laquelle abattue, toutes ses branches sont, du même coup et sans discussion, par terre.

Je ne l'ai discutée, jusqu'ici, à la lumière des décisions antérieures de l'Eglise, que pour donner la réplique au P. Lacordaire qui en était taxé. Et si je l'ai fait un peu longuement c'est pour qu'on ne me reprochât pas de lui en avoir épargné le sujet et de lui avoir fait, comme on dit communément, la courte échelle.

Mais maintenant que cette grande voix à laquelle il en appelait de si loin, survenant à ce point de mon travail, s'est faite entendre, je n'ai qu'à m'effacer, et c'est au pied de l'Encyclique *Immortale Dei* qu'il faut juger de la vraie opinion qu'on doit se faire de l'illustre Père.

Finalement, la question se résume et s'impose ainsi :

Les sociétés modernes peuvent-elles assister inertes et impassibles à cette lutte si formidable dont elles sont l'enjeu, touchant la Constitution de leur organisme ? Leurs États peuvent-ils, oui ou non, se passer d'un principe de Vérité et de Justice, supérieur à eux, qui les lie, et qui soit comme le type public de ce qu'ils ont charge d'en distribuer! Le Droit, l'Autorité, sans lesquels aucun ordre social, si rudimentaire qu'il soit, ne saurait abso-

lument se concevoir, peuvent-ils y être vacants,
au risque certain d'y être remplacés par l'arbitraire
et l'anarchie, ou d'y être toujours flottants comme
des épaves au gré des révolutions qui les perver-
tissent, faute d'être assurés et incorporés dans un
régime, quel qu'il soit, conforme au caractère et
aux mœurs du pays ? — Et quel peut être ce type,
inspirateur de la conscience nationale, plus encore
que de celles des particuliers, en ce sens qu'elle
doit obvier à leurs manquements ou les réparer, si
ce n'est Celui qui nous a fait tous, peuples modernes, et avec une telle richesse de civilisation et
de progrès sociaux, surtout en France, que la
tête nous en a tourné : le type évangélique, dont
le dépôt intégral et l'oracle infaillible n'apparaissent nulle autre part au monde que dans l'Eglise ;
le même que Lacordaire nous a montré avoir le
divin privilège de la vertu dans les âmes et de la
fécondité régénératrice dans les œuvres, d'accord
en cela avec la Révolution qui ne le proscrit que
pour cela même ; le seul, d'ailleurs, par sa supériorité même qui a tout absorbé, tout dépassé, jus-

qu'à ne nous laisser plus le choix d'aucun autre... ?

— Enfin, quel est le sort certain, patent, inéluctable, qui attend et vers lequel s'avance de soi une nation, si grande qu'elle ait été, et à proportion même qu'elle aurait été, où ne se renouerait pas, au penchant de l'abîme, ce lien vital entre la Religion et la cité, entre l'Evangile et la Patrie ?

Sur cette suprême question, que pensait, que professait Lacordaire ?

Eh bien ! il ne professait rien de moins que l'Encyclique *Immortale Dei*, comme s'il se la fût proposée, et que, revenant aujourd'hui et remontant en sa chaire de Notre-Dame, il en faisait l'apostolique commentaire.

C'est ce que nous allons voir, ou plutôt entendre.

CHAPITRE VI

Conférences de 1845.

La station de 1845, prêchée par le P. Lacordaire à Notre-Dame, termine la grande série de toutes celles qu'il s'était proposé d'y faire entendre dès 1835 sur le même sujet sous toutes ses faces : *L'Eglise, la Doctrine catholique*, ses sources, ses effets, son influence par rapport à tout ce qui caractérise l'humanité et compose ses intérêts collectifs dans ce monde. C'est une *Somme* apologétique du Catholicisme considéré comme société par excellence, génératrice et régénératrice de nos sociétés naturelles modernes, quant à tout ce qui les constitue et les distingue, comme création évangélique, du paganisme et de la barbarie.

Je dis que cette station *termine* cette série, parce

que, après elle, de 1846 à 1851, il nous initie à la connaissance de *la cause* de ce phénomène qu'il nous a déjà fait reconnaitre ne pouvoir être que divin par ses effets : Jésus-Christ, et l'économie de la Réparation de l'humanité déchue.

Mémorable donc comme terme de cette ascension continue de l'orateur, durant dix ans, par où il arrive finalement à la synthèse sociale du Catholicisme et de l'Eglise, avant de percer la nue de son divin mystère, cette station de 1845 doit nous intéresser au plus haut point à la question de savoir jusqu'où il y a porté le courageux devoir de son apostolat.

Or, c'est ce à quoi vont répondre deux conférences qui forment comme le point culminant de cette station :

L'une, *De l'Influence de la Société catholique sur la Société naturelle, quant au principe* DU DROIT ;

L'autre, *De l'Influence de la Société catholique sur la Société naturelle, quant au principe* DE L'AUTORITÉ.

Et maintenant entrons à *Notre-Dame* dont la
vastitude regorge de cette jeunesse libérale, d'où
Lacordaire est sorti pour s'élever jusqu'au froc
d'Albert-le-Grand et de saint Thomas d'Aquin, et
écoutons.

* * *

Dans la première de ces deux conférences il pose
magistralement la question et en ouvre largement
la solution; nous citons analytiquement, en partie,
mais scrupuleusement :

« Toute Société a un but. Celui de la société
« catholique n'est pas terrestre, mais divin : la
« préparation de l'éternelle société des justes
« avec Dieu... Mais ce but mystique et suprême
« *exclut-il* tout autre but?..... La société divine
« passe-t-elle à côté de la société humaine uni-
« quement préoccupée de sa fin ultérieure,
« ou bien lui tend-elle une main secourable et
« amie, et les voit-on *marcher ensemble comme*
« *deux sœurs qui ne sont pas du même lit, mais*
« *qui ont un père commun* (voilà bien la ques-

« tion !) En d'autres termes, l'expansion de la
« société catholique dans l'espace et dans le temps
« n'a-t-elle pas atteint l'humanité dans ses des-
« tinées visibles? Je réponds *hardiment* (1), Mes-
« sieurs, que le développement de la société ca-
« tholique a produit à cet égard dans le monde,
« par un contre-coup inévitable et voulu de Dieu,
« la plus inespérée et la plus souhaitable des
« révolutions. Ce sera l'objet des conférences qui
« vont suivre. »

« **La société naturelle** a pour fondement la justice,
qui est la stabilité du droit, lequel est ce qui est
dû à chacun : mais qu'est-ce qui est dû à chacun…?
Ici la question devient problématique. Les hommes
disputent du droit comme ils disputent de la vérité, et ces deux questions suffisent pour donner
le branle à des luttes qui ne finiront qu'avec le
genre humain. Ce n'est pas qu'il n'existe dans

---

(1) Cette expression que nous retrouverons plus d'une fois dans
la bouche du P. Lacordaire, témoigne de l'opposition qu'il ren-
contrait et de sa résolution d'autant plus ferme de n'y pas fléchir.
Nous le verrons,

l'ordre du droit, comme dans l'ordre du vrai, des
notions saisissables à la première vue de l'esprit,
des règles primordiales et efficaces très bien appelées par nous *le Droit de la Nature*... (1), etc.
Qu'est-ce, toutefois, que ces prescriptions élémen-
taires, quand il s'agit de déterminer selon la justice
les relations si compliquées d'un grand peuple?...
On voit à ce travail les plus fermes politiques se
troubler, hésiter, semblables au pilote sans bous-
sole à qui le mouvement des nuages et des flots
dérobe sans cesse l'étoile polaire. — Il faut bien
cependant que le droit soit fixé... Qui donc posera
le droit.....? Sera-ce une convention primitive?
Mais l'auteur même de ce prétendu contrat social
a fini par avouer, ce que toute l'histoire proclame,
c'est que toute société humaine a pour père un
législateur. Ainsi Moïse, Lycurgue, Solon, Numa...
Mais combien leur œuvre a-t-elle été loin d'atteindre tout ce que l'humanité réclamait! Quoi

____

(1) Apprécions ici comme Lacordaire se sépare du *jansénisme*
de Pascal sans tomber dans le *naturalisme* libéral de notre
époque. On trouvera toujours chez lui, surtout à la lecture,
cette correction doctrinale.

donc? Un *droit principe*, un *droit immuable*, un *droit universel*, et finalement un *droit humain* : aucun législateur avant Jésus-Christ, même Moïse, qui, du reste, se réfère à Jésus-Christ, ne le lui a donné. »

Ici l'aigle de *Notre-Dame* prend son grand vol et montre successivement avec une hauteur, une largeur et une profondeur de coup d'œil autant qu'avec un éclat d'accent incomparable, et le défaut de ces quatre caractères du Droit *principe*, *immuable*, *universel*, *humanitaire*, dans toutes les législations antérieures à l'Evangile, et leur plénitude adéquate dans celui-ci seul qui en est resté le foyer.

« Inutile donc de chercher dans les institutions
« les plus célèbres des législateurs passés à ce
« point de départ du droit, ce *type primordial* et
« éclatant de toute justice constituée : elles gisent
« à terre, monuments brisés d'une vertu trop
« médiocre pour avoir réfléchi suffisamment l'éter-
« nelle physionomie de la justice incréée! »

. . . .

« L'Evangile seul a été *la charte* de l'homme, la
« *déclaration du droit* universel. »

Mais cela suffisait-il ?... Son auteur même n'en a
pas jugé ainsi. « Tant que l'Evangile, en effet,
« n'était qu'une parole, c'était la plus belle parole
« du monde, un livre unique, un projet sans égal,
« et voilà tout. Il fallait que l'Evangile, annoncé
« à toute la terre, devint un droit vivant, la règle
« fondamentale des relations humaines, et que
« *ceux-là même qui en nieraient la divinité*
« *comme doctrine, en acceptassent le joug comme*
« *législation.* Or, n'est-ce pas ce que nous voyons ?
« *La Société catholique* (l'Eglise) en se répandant
« et se constituant d'un bout du monde à l'autre,
« n'a-t-elle pas porté avec elle le droit évangélique ?
« N'en a-t-elle pas fait le fonds des mœurs géné-
« rales, en sorte qu'une action payenne, lors même
« qu'elle ne serait pas réprimée par les lois de
« chaque pays, est devenue quelque chose d'impos-
« sible et qui inspire l'horreur ? Il est ainsi, et *le*
« *règne de l'Evangile, comme droit, est beaucoup*

« plus étendu que le règne de l'Évangile comme
« idée... »

Voilà une vraie et large vue des choses à l'encontre d'un certain libéralisme, lequel accorde *à*
ceux qui nient la divinité de l'Évangile comme
doctrine, de ne pas en accepter le joug comme
législation, fût-ce au risque de revenir au paganisme, et pis encore, à la barbarie !

« Déjà, en effet, Messieurs, reprend l'apôtre pu-
« bliciste, *tout peuple* qui ne se soumet point au
« droit évangélique est condamné par la seule force
« des choses à la barbarie. Chose incroyable autant
« que visible! Athènes et Rome, avant Jésus-Christ,
« sont parvenues à une civilisation; mais depuis que
« le droit évangélique a été promulgué, *tout peuple*
« qui ne l'a point reconnu est demeuré, à l'égard
« des peuples chrétiens, dans un état d'infériorité
« qui inspire encore plus de mépris que de compas-
« sion. Témoin l'islamisme... qui après avoir reçu
« de Dieu les plus beaux pays du monde, n'a pas

« appris, de ses douze cents ans de vie, à y protéger
« un épi de blé... Afin de nous révéler par cet
« exemple, aussi proche qu'illustre, où tombent *les*
« *nations* qui repoussent l'Evangile promulgué et
« connu. »

Qu'est-ce donc, dirons-nous d'une nation qui après
avoir été élevée, entre toutes, au faîte de la civilisation évangélique, la répudie et l'apostasie ! Elle
ne rétrogradera pas seulement au paganisme : elle
tombera au-dessous de tout ; et c'est bien le cas de
dire que du Capitole on ne peut faire s'écarter d'un
pas sans être précipité de la Roche Tarpéïenne
au plus bas fonds : la chute étant en raison de la
hauteur.

« Et il est facile, d'ailleurs, — vient ajouter à
« ce propos le P. Lacordaire, — d'en comprendre
« la raison. Avant Jésus-Christ, le droit universel
« et parfait n'existait pour personne : les peuples
« étaient tous, à cet égard, sur un pied d'égalité :
« il était donc possible, dans cette misère commune,
« qu'un législateur, soutenu par des circonstances
« de race, de temps et de climat, et surtout par

« une secrète protection de la Providence, élevât
« une nation à un certain degré de politesse, d'es-
« prit et de rectitude de mœurs. Mais aujourd'hui
« que l'Evangile a paru, *que le fanal de la per-*
« *fection est allumé devant les yeux de tous*, le
« peuple qui le repousse est nécessairement con-
« damné à des relations d'un ordre inférieur qui
« ne lui permettent pas de soutenir la comparai-
« son et le font végéter, s'il persiste, dans une in-
« vincible et honteuse barbarie... »

Ne perdons pas de vue que dans toute cette magnifique Conférence, chaque fois que le P. Lacordaire parle de l'Evangile et du droit évangélique,
il n'entend pas par là une chose abstraite, une
parole, un livre, mais le droit évangélique *vivant*
et catholicisé dans l'Eglise. Il nous l'a déjà dit. Il
vient encore de nous le montrer dans ce *fanal de la
perfection allumé devant les yeux de tous*. Mais il
va s'en expliquer bien plus précisément, à sa manière, dans ces paroles qui continuent immédiatement celles qui précèdent.

« ... L'Evangile a rassemblé en lui toutes les
« forces civilisatrices, éparses auparavant dans le
« monde, et quiconque aspire au bien et à la gloire
« ne peut plus les chercher que là. Il était pardon-
« nable, il était même louable à Lycurgue de con-
« sulter l'oracle de Delphes, à Numa de converser
« avec la nymphe Egérie ; mais aujourd'hui *l'ora-
« cle est à Rome*, parce que l'Evangile y est dans
« son *plus haut Représentant*, et quiconque n'y
« va pas humblement puiser les inspirations de
« la souveraine justice, ne bâtira qu'une cité sans
« bénédiction. »

Bâtir une cité! c'est bien de cela qu'il s'agit,
entre nous, pour la dix-huit ou vingtième fois dans
ce seul siècle. Or, à la manière dont l'entendent
plusieurs tenants du libéralisme, l'illustre Père
était-il des leurs et peuvent-ils se réclamer de lui ?
Je le laisse à juger, ou plutôt je le leur oppose.

En résumé, la société naturelle, telle ou telle
nation, doit avoir pour fondement le Droit, dont
la distribution à chacun est la seule raison d'être

des divers gouvernements; — s'il y a un droit de
nature, il a toujours été réputé insuffisant à cette
grande tâche et toute société a eu pour père un
législateur dont l'œuvre a été de poser le droit; —
jusqu'à l'Evangile ce droit a été arbitraire, chan-
geant, restreint, relatif, non humain, pour ne pas
dire antihumain; — l'humanité attendait et a reçu
de l'Evangile, qui, à ne le considérer que sous ce
rapport, a fait révolution en créant non seulement
de *nouveaux cieux* mais une *nouvelle terre*, le
Droit-Principe, immuable, universel, humain, le
type primordial de toute justice constituée et
comme la matrice de toute législation; — ce droit
émanant de l'Evangile n'a été rendu vivant et
n'est resté inviolé dans son Principe que par la
société catholique, l'Eglise, qui l'a porté partout
avec elle, d'un bout du monde à l'autre, et n'a
cessé d'en être le foyer irradiateur, le fanal allumé
devant les yeux de tous; — ce droit évangélique,
catholicisé, a tellement prévalu, absorbant en lui
toutes les forces civilisatrices éparses auparavant
dans le monde, que quiconque aspire au bien et

à la gloire ne peut les chercher que là, même abs-
traction faite de la foi religieuse et au seul point de
vue de la législation. le règne de l'Evangile, comme
droit, étant plus étendu que le règne de l'Evangile comme idée ; de telle sorte, cependant, que,
par la connexion native de ce double règne, ils ont
tous deux le même Oracle, siégeant à Rome, dans
le plus haut Représentant du Droit évangélique
non moins que de la Foi ; — enfin ce qui met le sceau
à ce bel ensemble de vérités, c'est que, si l'infidélité à la Foi n'a de sanction finale que dans une
autre vie pour les individus, l'infidélité au Droit
évangélique trouve immédiatement la sienne dans
celle-ci pour les nations qui y tombent, vouées
qu'elles y sont, faute de tout droit, même payen,
par la répudiation du seul Droit hors duquel il n'y
en a plus d'autre, à *une invincible et honteuse
barbarie*.

Voilà le libéralisme du P. Lacordaire. Et pour
que nous n'en ignorions, il ne descendra pas de
chaire, sans nous lancer, à nous Français, ce mémorable avertissement dont l'alternative, balan-

cée sur nos têtes, semble nous atteindre aujourd'hui
de son dernier coup :

« Notre pays, Messieurs, depuis sa formation
« moderne, fut toujours un pays d'Evangile, un
« pays de droit nouveau. L'élection de Dieu en est
« sans doute la cause ; mais, après lui, nous le
« devons à l'instinct de justice et de générosité qui
« est dans la nature française, à ce glorieux sen-
« timent du vrai et du bien, qui passe chez nous
« par-dessus l'instinct de l'utile. *Les erreurs de*
« *notre esprit nous ont éloignés de la vérité*
« *depuis un siècle ;* notre cœur nous y ramène à
« coup sûr, quoique lentement. Une fois que l'ex-
« périence sera faite, et qu'en dehors de l'Evan-
« gile tout autre droit sera reconnu un droit
« égoïste, le grand jour de la foi se lèvera de nou-
« veau sur la France. Et si cette résurrection, pré-
« sagée par tant d'augures heureux ne se réalisait
« pas ; si l'Evangile et la Patrie se séparaient
« enfin, c'en serait fait de nous, parce que c'en
« serait fait de notre caractère national. La France

« ne serait plus qu'un lion mort, et on la traine-
« rait, la corde au cou, aux gémonies de l'his-
« toire. »

Ces derniers mots firent courir dans l'auditoire
comme un frisson de patriotisme. Aujourd'hui on
en est à se demander, tant il est devenu insensible,
si *le lion n'est pas mort*.

Ce n'aura pas été au moins la faute du P. Lacordaire s'il est si près de l'être, mais bien celle de
ses faux adhérents faisant tout ce qu'ils peuvent
pour entraver *la résurrection* en isolant le droit
évangélique de la patrie.

Il est vrai que le retour du pays au droit évangélique, à l'encontre des *erreurs de notre esprit
qui nous ont éloignés de la vérité depuis un siècle*,
tirerait à une grave conséquence, conséquence à
laquelle l'illustre Père n'a peut-être pas songé ; à
savoir que tout droit public voulant un pouvoir
public adéquat, le *droit chrétien* entrainerait le
pouvoir chrétien: ce qui serait l'abjuration de la
Révolution de fond en comble.

Le pouvoir chrétien ? la monarchie chrétienne ? mais vous n'y pensez pas ! mais c'est impossible !... quoiqu'il ne soit pas impossible que la France ne périsse faute de ce.

Eh bien, qu'on veuille bien rentrer à *Notre-Dame* et y entendre, sur ce point, la conférence : *De l'influence de la Société catholique sur la Société naturelle* QUANT A L'AUTORITÉ.

*
* *

« Jusqu'ici, Messieurs, j'ai marché sur des cen-
« dres chaudes, aujourd'hui je vais marcher sur des
« charbons ardents. Je n'en suis point ému. J'ai
« des choses difficiles à dire ; je les dirai avec au-
« tant de retenue que de franchise, mais je les
« dirai... »

Ce prélude est déjà significatif de deux choses : du caractère intransigeant de l'orateur sur la vérité et le devoir ; puis des oppositions ou charbons ardents qu'il avait à surmonter. Lesquels donc ? Les dispositions et préjugés de son démocratique audi-

toire sans doute ; mais non moins l'hostilité du régime d'alors. Mais que ne peut oser une conscience
catholique et libre armée de l'éloquence ? Comme
Tacite faisait le procès à l'Empire en peignant les
mœurs des Germains, Lacordaire va faire le procès
à la Révolution en burinant les mœurs politiques
des Français. Ce n'est pas qu'il s'écartât en cela de
la ligne de son Apostolat, puisqu'il s'agissait toujours *de l'influence de la Société catholique* et plus
particulièrement sur le point où elle est le plus méconnue et où elle a le plus le droit de s'exercer.
N'ayez donc crainte à cet égard que pour vous. Pour
lui, son génie des mieux équilibrés et intrépidement
tranquille saura s'en tirer. Il nous dira même de
quelle manière, et la voici : « Si quelque chose,
« Messieurs, est étranger à mon caractère et à mes
« devoirs, c'est de chercher des éléments d'émotion
« dans ce qui s'éloigne de l'éternité pour se rappro-
« cher du temps. On n'est pas toujours le maître
« d'éviter absolument ce péril ; mais quand il s'est
« présenté à moi, j'ai cherché à mettre dans ma
« parole autant de prudence que de vérité, et, si je

« ne me trompe, entre ce charybde et ce scylla de
« la parole, je veux dire la sincérité et la réserve,
« j'ai rarement échoué. »

Quelle manière apostolique de concevoir sa mission ! Et comme elle donne de prix à la leçon qui en
sortira, par cette *réserve* même, qui, comme la
corde de l'arc, ramenée à soi, donne d'autant plus
de portée à la flèche !

Et maintenant, lisez toute entière cette mémorable conférence qui, après quarante années, nous
arrive aussi chaude qu'à son moment, si ce n'est
plus encore, tant tous les maux qui ont fondu sur
nous depuis et notre obstination dans leur unique
cause en accentuent l'application à nos malheureux
jours.

Tout s'y tient si merveilleusement, pensée, image,
expression, souffle, que nous ne saurions la décom-
poser. On ne remarque pas assez, dans les conférences du P. Lacordaire, à quel point, sous la richesse et l'éclat de l'étoffe, en ses mille détails et
reflets, la trame de la pensée est logique, forte, soutenue, correcte dans son originalité ; et c'est pour-

quoi la lecture, à ce point de vue, leur profite. Mais
que ne perdent-elles pas, d'autre part, à leur dé-
pouillement, surtout quand on arrive à des citations
textuelles qui présupposent ce qui précède et ce qui
suivra ? C'est donc sous cette expresse réserve que
nous allons noter les principaux nœuds d'attache de
celle-ci.

Dans la conférence antécédente sur le *Droit*, il
s'était écrié : « Le droit donc ! le droit ! Notre
« épreuve est faite, Messieurs, à nous autres ca-
« tholiques : vous savez où nous avons pris le
« monde, sous le rapport du droit, et où nous l'a-
« vons mené. Prenez l'héritage à votre tour ; créez
« un droit plus universel, plus immuable, plus
« parfait que le droit évangélique. Nous vous at-
« tendons, et nous ne demandons pas mieux. Mais
« à voir vos premiers essais, depuis cinquante ans
« (aujourd'hui quatre-vingt-dix ans), je crains bien
« que vous n'en soyez pour vos frais de droit, comme
« vous en avez été pour vos frais de métaphysique
« et d'histoire. » — Pour vos frais ?... Hélas ! pour

nos frais à tous : voilà tout ce qu'on a gagné à la prolongation de l'*épreuve*.

Mais, aurait-on eu souci du droit, autant qu'on en a peu, grâce à *la légalité* dont le propre est devenu de l'étrangler, le droit ne s'exerce pas tout seul, ne résiste pas tout seul, ne rallie pas tout seul à soi toutes les forces, tous les intérêts divers et les destinées successives d'une nation de siècle en siècle, lui assurant tout à la fois la stabilité et le progrès.

Le droit veut un magistère et un ministère : ce qui implique l'Autorité.

Écoutons sur ce grand sujet le P. Lacordaire dans la capitale conférence qu'il lui a consacrée.

« Nulle société ne saurait être conçue sans unité, sans ordre, sans puissance... Qui lui créera cet ordre et cette puissance ? Il faut arriver toujours à quelques hommes, et même généralement à un seul homme en qui elles se résument... Sera-ce un soldat heureux ? Non, la force militaire, si imposante au premier coup d'œil, est la dernière à pou-

voir constituer l'unité, l'ordre. la puissance... La
société n'est pas fille de la violence. elle est fille
de l'intelligence et de la liberté, et ne respecte rien
que ce qui sort de cette double source ou y prend
sa mission. Ce n'est pas la force qui la fonde,
c'est L'AUTORITÉ.

« Mais qu'est-ce que l'autorité ? — L'autorité
est une supériorité qui produit *l'obéissance et la
vénération.*

« L'obéissance d'abord, c'est-à-dire la soumission
spontanée d'une volonté à une autre volonté.....
Sans cette soumission spontanée, et même quelquefois sans une soumission enthousiaste. l'unité
est impossible, l'ordre et la puissance pareillement.

« La vénération est un autre élément de l'autorité qui lui est aussi nécessaire que l'obéissance.
Car la vénération n'est qu'*un respect mêlé d'amour*,
et nous n'obéissons pas longtemps à ce qui ne
nous inspire ni amour ni respect...

« Mais ces principes ne nous mènent pas fort
loin dans l'explication du mystère qui nous occupe. Si l'obéissance et la vénération, en fondant

l'autorité, sont la cause de l'unité, de l'ordre et de la puissance, qu'est-ce qui produira l'obéissance et la vénération? l'obéissance et la vénération de trente millions d'hommes pour un homme ou quelques hommes! — Voilà le mystère. — Or, sur ce point, le monde antérieur à Jésus-Christ s'est partagé en deux systèmes : le système oriental et le système occidental. »

Ici, déployant ses deux ailes à large envergure, l'apôtre orateur, nullement fantaisiste, mais publiciste de grand vol, va envelopper les esprits les plus dévoyés et les chasser devant lui, vers la vérité à laquelle ils répugnent.

« Le système oriental consiste en ceci : l'homme ne peut pas obéir à l'homme, ni vénérer l'homme... parce que toute volonté en vaut une autre... et parce que l'homme est trop petit devant son semblable, trop égal à lui par l'infirmité de la vie et de la mort. Il faut donc que l'autorité soit plus haute que l'homme; il faut qu'elle ait un caractère inaccessible..., qu'il y ait entre le sujet et le souverain un tel abime, que le regard même n'ose pas le franchir; en un mot, *il faut que l'autorité soit Dieu* (1)... L'Orient a sacrifié à cette vérité, jusqu'à se soumettre à des monstres, par une fiction qui ne changeait la nature humaine dans l'idole qui en avait le profit qu'en l'empirant et la dégradant . . . .

« Le système occidental était tout autre que celui de l'Orient, plus sensé, plus vrai, digne de réussir, si l'homme *tout seul* pouvait réussir en de si grandes choses. L'Occident consent à être gouverné par l'homme ; mais en même temps il a peur

(1) M. Guizot nous a laissé, dans ses Mémoires, cet honorable aveu, se rapportant au temps où il était ministre du gouvernement de Juillet et où, de son côté, Lacordaire disait ce mot-là : « Quel « mensonge que la prétention d'élire un roi, au moment même où « l'on invoque la Monarchie comme ancre de salut ! J'étais tou- « jours tenté de sourire quand j'entendais dire du roi Louis-Phi- « lippe, *le roi de notre choix...* Je niai la souveraineté du peuple, « c'est-à-dire du *nombre...* Il ne faut jamais se lasser de le répéter « pour rabattre et retenir à son juste niveau l'orgueil humain : « *Dieu seul est souverain, et personne ici-bas n'est Dieu, pas* « *plus les peuples que les rois.* » (*Mémoires*, ch. XII. M. CASIMIR PERRIER ET L'ANARCHIE, t. II. p. 235, 237).

Que les héritiers politiques de M. Guizot retiennent cette parole, plus applicable aujourd'hui que jamais à notre *ancre de salut.*

de lui ; il craint qu'il n'abuse. L'Occident calcule,
pondère, limite le pouvoir... telles ces républiques
de la Grèce, gouvernées, dans leurs jours de gloire,
par des citoyens tirés de la foule comme les manda-
taires et les représentants de la cité... Mais l'obéissance et la vénération ne furent qu'insuffisamment
produites dans ce système compliqué. Le siège en
était trop mobile et trop étroit pour donner aux
nations toute la stabilité dont elles ont besoin. —
Nous avons dans la république romaine le modèle
le plus mémorable et le plus achevé de ce régime.
Le Sénat romain fut l'organisme le plus merveilleux
de gouvernement d'un peuple... Eh bien, le Sénat
romain, ce chef-d'œuvre profane du monde occidental, combien a-t-il duré ? Environ cinq siècles,
entre le poignard qui tua Lucrèce et celui qui tua
César — un peu plus que le tiers de la monarchie
française... — Après quoi Rome tomba rapidement,
sous ses empereurs, d'Auguste en Tibère, de Tibère
en Caïus, de Caïus en Néron, de Néron en Hélioga-
bale, de dieux en dieux de cette sorte, *de l'obéissance d'Occident à l'obéissance d'Orient*, et encore

avec aggravation dans la solennité de l'extravagance.

. . . .

« Ainsi, une partie du genre humain a voulu
des dieux de chair pour chefs : ces dieux ont péri.
L'autre partie a choisi des hommes : les hommes
ont succombé. Trop grands ou trop petits, ils ont
croulé par insuffisance ou par excès. Que voulez-
vous ? l'homme n'avait que l'homme ! — Donc, des
deux parts, défaut ou insuffisance d'obéissance et
de vénération, par conséquent d'unité, d'ordre et
de puissance, par conséquent d'Autorité véritable,
partant de socialité ; *la cause de la souveraineté
étant la cause même de la société.* »

Adossé ainsi à ces ruines de tout le passé profane, si éloquemment montré dans sa radicale insuffisance à constituer rien de socialement durable,
le grand Apôtre-publiciste a beau jeu à soutenir
la vérité qu'il s'est proposée, et il va le faire avec
autant d'originalité que de hardiesse, eu égard à
l'ignorance et aux préjugés révolutionnaires ou
libéraux de son siècle. — Cette vérité, la voici :

« La société catholique, Messieurs, a ouvert dans le monde deux sources inépuisables d'obéissance et de vénération : — l'une *publique*, — l'autre *secrète*.

« La publique, c'est, Messieurs, l'autorité de sa hiérarchie. Depuis dix-huit cents ans, la Papauté, l'épiscopat, le sacerdoce chrétiens sont obéis et vénérés de la plus grande union d'hommes qui soit ici-bas, sans avoir jamais besoin de la force pour incliner un front ou une volonté..... La hiérarchie catholique, sans autre ressource que la persuasion, se fait obéir et vénérer comme nulle part et en aucun temps n'a été obéie et vénérée aucune humaine majesté. Malgré les vicissitudes de faveur ou de persécution, malgré les efforts persévérants du monde pour flétrir dans sa source un amour qui le gêne, un respect dont il est offensé, ce volontaire hommage, si libre qu'on soit de le refuser, subsiste toujours, sans rival, inaltérable et saint. Le fait est sensible, il est éclatant ; il suffit de l'énoncer pour convaincre et étonner l'esprit. Eh, Messieurs, si j'avais besoin d'une démonstration, ou plutôt d'un exemple, rappelez-vous ce qui s'est passé, ici même, à l'inauguration du siècle présent.

« Nous avions tout détruit, même le passé..., dont nous avions jeté, bravant la majesté jusque dans le cercueil, les cendres au vent et au mépris. Jamais, à aucun moment de l'histoire, l'obéissance et la vénération n'avaient été plus loin des cœurs. Un vieillard vint dans ce temps-là, appelé par un jeune homme qui avait tout le prestige de la gloire, mais qui avait besoin de s'agenouiller devant le Vicaire du Christ pour recevoir de cet abaissement le sceau d'une plus haute autorité. Le vieillard vint, armé de sa seule bénédiction, au milieu de ce peuple qui avait foulé aux pieds, dans un seul jour, toutes les générations de ses rois ; il parut aux fenêtres des Tuileries. On ne l'eût pas plutôt vu, portant sur sa figure plus de malheurs encore que d'âge, qu'à l'instant même, par ce coup magique qui rouvre les cœurs à leur bon endroit, tout Paris se précipita pour avoir un bonheur qu'il ne connaissait plus, le bonheur de *vénérer*, en recevant cette bénédiction qui, depuis tant de siècles, fait tomber l'homme à genoux. Et pendant que ce spectacle se passait au-dehors, plus haut, dans l'intérieur même des Tuileries, un homme célèbre qui vient de mourir (1), poussait son voisin, en lui disant avec la joie de l'admiration : « Enfin, Monsieur, nous voyons une « autorité ! Voilà une autorité ! »

Voilà la source *publique* de l'obéissance et de la vénération, conséquemment de l'autorité, ouverte dans le monde par la société catholique.

Et maintenant quelle en est la source *secrète*, par où ces éléments catholiques de l'autorité, l'obéissance et la vénération, ont pu être communiqués à la société naturelle ?

« Messieurs, — reprend le Père Lacordaire, — « c'est... la confession. »

La confession ? — Oui ; et je vous assure que ce mot-là, qui peut paraître aujourd'hui à certains

(1) Talleyrand.

libéraux une audacieuse plaisanterie n'ayant
rien à voir en cette affaire, ne fit pas même
sourire le jeune auditoire de *Notre-Dame,* ému
et enlevé par ce qu'il venait d'entendre, et ressaisi,
tout aussitôt, par ce qui suit :

« Tout homme, quel qu'il soit, Messieurs, prince
« par le pouvoir ou par l'esprit, s'il veut avoir
« part au mystère du Christ, à la certitude et à
« l'avenir qui sont en Lui, est obligé d'avouer ses
« fautes à genoux, d'en demander pardon et d'en
« faire pénitence : exercice d'obéissance et de
« vénération qui le révèle à lui-même, le purifie,
« l'humanise et l'assouplit sans l'abaisser. Car il
« est libre dans cette action plus qu'en aucune
« autre ; et ne prend sur lui que le pouvoir qu'il
« donne de son plein gré ; il peut se lever et s'en
« aller si la vérité qu'il cherchait lui semble trop
« dure, si la paix et l'honneur de la conscience lui
« redeviennent trop chers à ce prix. Mais il per-
« siste volontiers une fois qu'il a connu le charme
« de l'humilité et de la sincérité entre Dieu et lui ;

12

« il apprend avec joie, dans une obéissance et
« une vénération qu'il a choisies, à obéir encore
« là où il n'a plus le choix, à vénérer encore là
« où le même Dieu le lui demande par un com-
« mandement qui n'admet plus l'élection. Cet
« esprit altier consent à l'empire ; ce cœur sau-
« vage, toujours prêt à la révolte, accepte l'unité,
« l'ordre et la puissance sous la seule forme où
« ils soient possibles, sous la forme de l'auto-
« rité (1). La confession ne cesse d'agir en ce
« sens d'un bout du monde à l'autre, par une
« influence secrète et perpétuelle, qui, jointe à
« l'action publique de la hiérarchie, crée dans le
« genre humain, s'il m'est permis de parler ainsi,
« *une quantité énorme d'obéissance et de véné-*
« *ration,* mais d'une obéissance et d'une véné-
« ration spontanées qui sont l'effet de la convic-
« tion et qui rendent l'homme sociable en le con-
« solant et en l'élevant. »

Quel langage ! quelle justesse d'aperçu et d'ex-

____

(1) Comme c'est bien là le sujet ! et qui s'en serait douté ?

pression ! quelle originalité dans le vrai et dans le beau ! quel art vraiment libéral contre le libéralisme !

Mais, allant toujours de hardiesse en hardiesse et de vérité en vérité contre l'erreur dominante de son siècle, l'illustre Père pousse plus avant et plus à fond, se jouant, sans daigner s'y arrêter, de cette hérésie colossale, que *la religion n'a rien à voir à la politique,* et la roulant, pour ainsi parler, dans le large fleuve de son discours :

« Or, il est impossible que le contre-coup d'une
« création semblable ne se soit pas fait sentir dans
« la société *purement naturelle* et n'y ait mo-
« difié, d'une manière remarquable, les rapports
« réciproques *du sujet et du souverain.* Evidem-
« ment, Messieurs, quelque grande transformation
« a dû s'opérer là ; vous attendez que je vous la
« signale et vous n'attendez pas vainement. L'Es-
« prit catholique a produit dans le monde, quant
« à l'autorité même humaine, quelque chose de
« tout à fait nouveau, de tout à fait inconnu à

« l'antiquité, le terme moyen entre le système
« occidental et le système oriental : il a produit
« *la monarchie chrétienne*. Et qu'était-ce que la
« monarchie chrétienne ? »

Chose étrange et tristement significative de
l'altération du sens politique et social depuis
trente ans parmi nous, cette même question :
Qu'est-ce que la monarchie chrétienne ? si dignement amenée et posée ici par Lacordaire, des mo-
narchistes chrétiens nous la rejettent aujourd'hui
ironiquement et avec pitié. Et ce qu'il y a de plus
singulier, c'est qu'ils ne s'en disent pas moins
toujours de l'école du Père Lacordaire. Eh bien,
puisqu'ils en sont, qu'ils en reçoivent la leçon en
ce splendide tableau de la *Monarchie chrétienne*
ou quoique soit du *Pouvoir chrétien* suspendu par
lui aux regards de son démocratique auditoire
comme un *ex voto* du relèvement de la France
dans l'avenir. Nous réservons, à qui a encore souci
de l'histoire, de la vérité et de l'éloquence, le charme
d'en contempler l'accord souverain dans le texte

de ces pages dont nous ne saurions détacher un seul mot tant tout s'y tient comme des joyaux enchâssés et sertis dans un royal écrin (1).

Il y fut tel, de caractère et de génie, qu'il put conclure ainsi :

« La monarchie chrétienne était donc une mo-

(1) Ce n'est pas que dans la pensée de Lacordaire la *Monarchie* fût la forme exclusive du Pouvoir chrétien, c'est plutôt que le Pouvoir chrétien avait épousé plus particulièrement la forme de notre monarchie. Citons-le :

« ... L'Évangile n'a pas déterminé si le gouvernement devait
« être une monarchie, une aristocratie ou une démocratie. Il a
« laissé la question de forme et de choix au cours de l'expé-
« rience et des événements. Il a dit aux nations : « Mettez à
« votre tête un consul, un roi, qui vous voudrez ; mais souve-
« nez-vous qu'au moment où vous aurez assis votre magistrature
« suprême, *Dieu viendra dedans.* » Le pouvoir sort de terre par
« une germination naturelle. La grande affaire n'est pas la nais-
« sance du pouvoir, c'est surtout son sacre. Quand donc, du sein
« d'une nation, le pouvoir sera sorti, comme un palmier sort du
« Liban, moi, Jésus-Christ, je descendrai sous son ombre, j'en-
« trerai sous son écorce, je serai son sang, sa vie, sa gloire, sa
« force, sa durée : vous l'aurez fait, je le sacrerai. Vous l'aurez
« fait mortel, je lui ôterai le germe de mort ; vous l'aurez fait
« petit, je le ferai grand ; vous l'aurez fait à votre image, je le
« ferai à la mienne... »

La grande affaire n'est donc pas que nous ayions une monarchie, car monarchie et monarchie il y a ; mais que l'État offre
la condition de tout pouvoir de droit nouveau, par rapport au droit
payen et plus encore révolutionnaire : d'être *chrétien* ; ce qu'é-
tait éminemment notre monarchie *d'avant* son dernier règne où elle
commença à sombrer, comme va nous le dire le P. Lacordaire.

« narchie gouvernée *par la fidélité, par l'honneur*
« *et par la liberté*. Vous pouvez, Messieurs, avoir
« oublié ces choses-là, mais l'histoire ne les a pas
« oubliées *et les dira un jour très haut!...* »

Puis, s'élevant superbement au-dessus des éton-
nements qui se mouvaient à ses pieds : « Vous
« l'avez entendu, je n'ai pas profité *des idées de*
« *ce temps-ci* pour reculer devant mon devoir, je
« n'ai pas été assez lâche pour flatter vos passions
« et vos préjugés, et leur sacrifier quatorze cents
« ans de l'histoire de la patrie, parce que ces
« quatorze cents ans ne ressemblent pas à ces
« cinquante années dont vous êtes les fils ! »

Ce n'était pas un orateur qui parlait ainsi, c'était
un prophète, comme si le souffle d'Isaïe fût passé
en lui. Cela parut surtout lorsqu'il en vint à dire
pourquoi « cette grande création » de la monarchie
française avait fini par périr. — Elle a fini par
périr, par cette raison, qui est précisément la contre-
épreuve de celle de toute sa durée antérieure, qu'elle
a cessé d'être elle-même en cessant d'être *chrétienne*. — « La monarchie chrétienne était fondée

« sur une alliance dont Jésus-Christ était l'âme et
« le médiateur, dont l'Evangile était le baptême de
« cœur perpétuel. Le jour où la souveraineté devait
« abuser de l'obéissance et de la vénération qui
« lui avaient été communiquées par l'Evangile et
« Jésus-Christ, ce jour-là la souveraineté se détrui-
« sait de ses propres mains et creusait un abîme
« sous elle. Jésus-Christ l'a vu, il s'est levé, il a
« replié sur sa poitrine ses bras crucifiés pour
« nous, il est descendu du trône, et cette monarchie
« n'a plus été qu'un cercueil ouvert dont la cendre
« a été jetée au vent... » — Et qu'est-il arrivé
alors qui ait suppléé à cette grande perte, si on ne
pouvait la réparer en ramenant la monarchie à
son bon esprit? — « Les passions conjurées se sont
« attaquées à la Chrétienté même, et la Chrétienté
« à son tour, s'est retirée; elle a pris ses bras et
« s'en est allée. Elle a dit à la société humaine :
« Moi, j'ai mes destinées éternelles; toi, reste avec
« le temps et deviens ce que tu peux! Et de ce
« divorce, de cette séparation, *le temps moderne*
« est sorti... »

Beau titre d'origine et de destinée pour *le temps moderne* !... A ce même titre on peut dire que ce temps moderne procède de *l'ancien régime* ; c'est-à-dire du *dernier* régime de la monarchie. Et en effet, ce régime-là a commencé la fin des précédents par le *gallicanisme,* divorce de l'Etat d'avec Rome à partir de Louis XIV ; s'est poursuivi, en empirant, par la *constitution civile du clergé* qui **a** caractérisé la Révolution ; et se consomme de nos jours par la *laïcisation* totale de l'Etat sans Dieu, contre Dieu, et voulant faire tout à son affreuse image. Voilà le temps moderne : c'est-à-dire *l'ancien régime modernisé*.

Faut-il donc désespérer de l'avenir ; et est-ce là la pensée de Lacordaire ? Non ; mais comment, si ce n'est en conformité de la doctrine qu'il vient d'établir ? Voici, en effet, son dernier mot sur ce sujet, et, littéralement, son adieu :

« Maintenant, qu'arrivera-t-il ? La monarchie « chrétienne se reformera-t-elle ? Sera-ce sous un « autre mode *que le Droit évangélique* REPRENDRA

« *son empire* dans le monde ? Je l'ignore. Ce que
« je sais bien, c'est que je ne désespère pas de la
« Providence ; ayant trouvé Dieu dans ce qui m'a
« précédé, j'espère *le trouver* dans ce qui me
« suivra, et pour me servir de l'expression d'un
« grand poëte allemand : Je suis citoyen du temps
« avenir ! »

Croirait-on que, détachant ces derniers mots de
ce qui les précède immédiatement, et du corps
entier de la conférence, on en a induit le libéralisme du P. Lacordaire ; et cela, parce que ces
mots *citoyen* et *avenir* sonnent à l'oreille moderne,
par opposition au passé ? Quelle puérilité impuis-
sante, et qu'il faut être à bout pour y avoir re-
cours... ! — Mais Lacordaire n'a-t-il pas au moins
eu tort, tort qui serait fréquent chez lui, d'user
de ces formules libérales de faire passer la vérité
et d'y entraîner son auditoire ? Pour moi, je l'en
loue hautement. Tant pis pour ceux qui s'y mé-
prennent ! Qu'est-ce donc pour ceux qui en abusent
sciemment ? Et ici, par exemple, c'est bien le cas.

C'est bien le cas de dire avec le poëte : *L'avenir, l'avenir est à Dieu*! Mais loin que dans la parole de Lacordaire ce soit par opposition au passé, c'est en conformité de *ce qui a précédé*; parce que le passé et l'avenir relèvent également de Celui-là seul *qui est celui qui Est* : l'Eternel.

Et nous aussi nous sommes ainsi citoyens du temps à venir; car tout catholique, j'ose même dire tout Français doit finir par un chant d'espérance, fût-ce contre toute espérance : moyennant que cela veuille dire, au sens et au mot de Lacordaire, citoyen de la *Cité de Dieu*, par son Christ, si *on veut avoir part,* comme il le dit dans sa conférence, *à la certitude et à l'avenir qui ne sont qu'en Lui.*

Voilà donc le P. Lacordaire conférencier, *Frère-Prêcheur*, pris dans cette grande Œuvre apostolique par où il a agi sur son siècle et il lui survivra; et comme ici l'Œuvre est l'homme même, hors laquelle son nom n'aurait aucun écho, voilà Lacordaire.

Eh bien, Lacordaire ainsi posé, et suffisamment étudié comme il vient de l'être, je le demande, et je provoque la réponse : qui osera, soit l'inculper, soit le louer de ce libéralisme en question de nos jours, sans crainte de se voir accablé ou désavoué de tout le poids et de tout l'éclat de sa parole ?

Et où donc a-t-il pu être taxé de cette erreur, ne fût-ce que par tendance ? — Serait-ce lorsque, dès 1835, il préconisait la Papauté comme *la Vérité renfermée dans un seul homme*, et que sur cette doctrine, si hardiment formulée, il fondait l'*indépendance territoriale* de la Papauté ? — Serait-ce lorsqu'il jugeait de si haut notre prétendu *droit commun* comme incompatible, par le principe même de sa concession, avec la divine essence de la sainteté catholique, jusqu'à donner *raison* à ceux qui ne nous en laisseront pas la moindre parcelle, en ce qu'ils reconnaissent du moins par là la supériorité de notre vertu comme fils uniques du Christ ? — Serait-ce lorsqu'il établissait si largement, pour toute nation qui veut être, comme pour toute celle qui fût, la nécessité sociale et politique d'un *droit public* quelconque, lequel ne saurait être autre, pour le monde moderne, que le *droit évangélique?* — Serait-ce lorsque, en face de son démocratique auditoire, ne craignant pas de s'engager sur des charbons ardents, il tirait de la nécessité de ce droit public celle d'un *pouvoir public* du même ordre, et que « n'étant pas assez lâche pour flatter « les passions et les préjugés de son temps », il leur exposait ce magnifique tableau de *la monar- chie chrétienne* à laquelle la France a dû quatorze siècles de grandeur et de progrès ? — Serait-ce, enfin, lorsque, liant toutes ces grandes vérités par une logique irrésistible empourprée de la plus su- perbe éloquence, il y attachait des sanctions si formidables et si prophétiques, par delà lesquelles il nous donnait rendez-vous à ce seul avenir possible où, sous quelque régime que ce soit, *le Droit évan- gélique reprendrait son empire*, et où il nous serait donné de nous retrouver nous-mêmes, en *retrou- vant Dieu* comme auparavant ?...

Je le laisse à juger aux uns comme aux autres.

Toujours est-il que c’est ainsi que le P. Lacordaire sort de l’épreuve critique de ses conférences.

Je pourrais m’en tenir là.

Mais je veux bien faire une certaine part de couleur à la prévention que je discute. Je veux bien qu’il y ait eu, dans la première nature de Lacordaire, un fond tel quel de libéralisme... Faudrait-il en conclure que tout de lui en deviendrait suspect, même ses conférences ? Pour moi je raisonnerais tout à l’inverse : de ses conférences je concluerais à l’en innocenter, haut la main !

Il y a plus : je m’en féliciterais et je m’en prévaudrais, et pour lui, et pour nous. — Et pourquoi ?

D’abord, parce que, ainsi que je m’en suis déjà suffisamment expliqué, c’est de ce fond-là qu’il a tiré la forme de son Apostolat, forme sans laquelle il n’aurait pas eu de prise sur son siècle ; parce qu’il a, pour ainsi parler, combattu libéralement le libéralisme ; qu’il ne lui a rien laissé de ce dont il pouvait encore s’accréditer, et qu’en se revêtant de

l'armure de l'ennemi, il a invinciblement prouvé
qu'il n'y a de libéralisme vrai que celui de la liberté
de l'Eglise, à laquelle il a fait du faux comme un
trophée. Autant vaudrait reprocher à la Rome
pontificale les monuments payens consacrés par
elle au vrai Dieu.

En second lieu, et ceci est particulièrement digne
d'attention, parce que, en tout ce que son prétendu
libéralisme, dans ce combat singulier, aurait pu
avoir de nuisible à son ministère et lui être formel-
lement reprochable, il a supérieurement réagi ; et
qu'ayant à provoquer la même réaction, dans nos
temps indécis, il a joint en cela l'exemple au précepte, par le spectacle des plus opportuns, à cette
heure, de cette généreuse lutte avec l'erreur, en
nous-même, et de ce triomphe libérateur de la
Vérité.

Et c'est là finalement la moralité que je voudrais
qu'on tirât de cet écrit, et qu'après les beaux enseignements de sa parole, le P. Lacordaire nous a
laissée des rares mérites de sa personne.

Dans ce but, je pousserai cette Etude de sincère

critique plus loin, autant pour notre instruction que pour sa gloire, en la terminant par la discussion de deux de ses écrits et d'un acte de sa conduite, où il ne paraîtra aux plus rigoristes avoir fléchi que pour en ressortir par des vérités plus éclatantes et une vertu plus exemplaire.

CHAPITRE VII

Le P. Lacordaire publiciste, jugé sur deux de ses
écrits : *De la liberté de l'Eglise et de l'Italie*,
Discours sur la loi de l'histoire.

Les deux seuls écrits en question que, loin de
vouloir éluder, j'ai tenu à mettre en lumière,
sont :

L'un : *De la liberté de l'Eglise et de l'Italie*,
publié en 1860 ;

L'autre : le *Discours* de réception à l'Académie
de législation de Toulouse *sur la loi de l'Histoire*,
en 1854.

Ces deux écrits ont laissé, en effet, sur la mémoire de Lacordaire comme un nuage à dissiper.
Il est certain qu'ils sortent, en quelques-unes de
leurs expressions, du cadre de ses conférences : ce
qui s'explique par ce que, comme publiciste, et
n'engageant pas rigoureusement la parole de Dieu,

il y avait les coudées plus franches. Mais ce qui
est à remarquer c'est qu'ils ne sortent du cadre
des conférences par l'expression que pour y mieux
rentrer dans le fond ; c'est que la force tangentielle
de la liberté n'y décrit, peut-on dire, une courbe
plus grande que pour mieux faire éclater la force
centrale de la vérité, qui, nonobstant, si ce n'est
a fortiori, la ramène magnifiquement à soi. Le spectacle en est même curieux, comme épreuve, à la
fois, et du caractère de Lacordaire et de sa fidélité. Si bien que j'aurais été au regret que le sujet
m'en eût manqué.

.*.

Pour ce qui est, d'abord, *De la liberté de l'Eglise
et de l'Italie* :

Qu'on ne pense pas que ce mot de *liberté,* appliqué, à la fois, à l'Eglise et à l'Italie, aie ici, le
moins du monde, un sens respectif, mettant l'Italie
et l'Eglise sur le même pied, et encore moins qui
tende, de près ou de loin, à *l'Eglise libre dans
l'Etat libre* de Montalembert, puis de Cavour. Ce

serait prendre le Pirée pour un homme : je veux dire, ici, l'*Autriche* pour la Papauté.

La liberté de l'Italie **est approuvée** en effet par Lacordaire contre l'Autriche, et désapprouvée contre l'Eglise : — « La cause de l'Italie contre l'Autriche « est juste, dit-il. — En est-il de même de la cause « de l'Italie contre la Papauté? Je ne le pense pas! »

Voilà la double thèse de Lacordaire, et j'attends ce qu'on pourrait avoir à y critiquer.

Serait-ce la faiblesse de ce *Je ne le pense pas* appliqué à l'iniquité de l'Italie révolutionnaire contre le Saint-Siège? — Oui, si c'était de nos jours. Mais Lacordaire s'exprimait ainsi en 1860, alors qu'on n'était qu'au début de *la Question romaine* et qu'aux premières prétentions de cette iniquité ayant encore assez honte d'elle-même pour ne pas s'afficher entièrement, et pour qu'on dût la traiter par discussion et d'une façon pour ainsi dire comminatoire à la barre de l'opinion publique au ton de laquelle, entrant en matière, il fallait commencer par se mettre.

Et qu'on ne dise pas que je plaide là des circonstances atténuantes pour Lacordaire. Il me désavouerait lui-même ; ou plutôt, son écrit m'aurait désavoué dès lors. La vérité, et la vérité totale ne perdra rien à ce début qui est le calme de la résolution allant bientôt devancer et juger le crime comme s'il était consommé.

C'est ce qui est, en effet, entrepris par lui tout aussitôt, en seize pages qui resteront comme une des plus belles Oraisons françaises en faveur du « Domaine temporel de la Papauté, » devant être d'autant plus respecté par l'Italie, qu'il ne gêne en rien sa nationalité et sa liberté, si elle n'obéit à aucune autre inspiration que celle de les reprendre *contre l'Autriche*.

Aussi, comme il sera foudroyant, à la fin, contre le véritable acteur du drame sous le masque de l'Italie : *la Révolution, allumée par la France en* 1789 !

Mais avant, et pour ne laisser à celle-ci aucun prétexte, il croit devoir conjurer le larcin total des Etats pontificaux, en conseillant contre elle ce dont elle s'est toujours précisément masquée pour tourner à mal, à savoir : certaines réformes touchant l'égalité civile, la liberté politique et la liberté de conscience, auxquelles le temps serait venu que *le Gouvernement romain, dans sa partie civile,* c'est-à-dire le Pape, en tant que Roi, chez lui, et dans ses libres rapports intérieurs avec ses sujets, fît quelque part. — Voilà, bien précisé et dégagé de tout équivoque, l'écueil, si l'on veut, que rase ici Lacordaire.

Qu'on en pense ce qu'on voudra, — excepté que ses intentions n'aient été des plus filiales envers la Papauté et envers l'Eglise, et que ce fut là autre chose qu'un de ces vœux risqués dans la tempête. — N'avait-il pas d'ailleurs, en cela, été devancé par Pie IX dont il venge éloquemment la généreuse illusion de la noire ingratitude de la secte révolutionnaire? La situation, du reste, n'était pas la même que celle de ce malheureux précédent. Elle n'était pas anarchique, mais diplomatique, et il s'agissait de simplifier la *Question romaine* avant qu'elle ne s'aggravât. — On peut estimer néanmoins, que l'énoncé de ces réformes : *l'éga-*

*lité civile, la liberté politique, la liberté de cons-
cience,* surtout à Rome, comportait des réserves
modificatives et limitatives qu'on regrette de ne
pas trouver ici. J'en conviens ; et j'en aurais
été moi-même choqué autant que qui ce soit,
si j'avais pu douter qu'elles fussent dans la pensée
de Lacordaire, plus préoccupé d'aller en ce mo-
ment-là au-devant du péril que de le régler théo-
riquement. Mais le doute à cet égard ne peut
tenir dans l'esprit de personne lorsqu'on trouve ces
réserves exprimées de la manière la plus satisfai-
sante dans son *Discours sur la loi de l'histoire,*
publié six ans auparavant, et que nous allons exa-
miner à fond ci-après. Mais ici même, ne va-t-il
pas jusqu'à déclarer, avec émotion, que, même au
défaut total de ces réformes, « le gouvernement des
« Papes l'emporte sur tout autre par la douceur d'y
« vivre, péchant plutôt par trop de paternité? » —
Il faut se défier de soi, en mal, contre un caractère
aussi franc que celui de Lacordaire; d'autant qu'il
faut se défier de lui, en bien, dont il ne tarde pas
à vous le faire payer. — Qui ne concluerait, par

exemple ici, qu'il a sacrifié finalement à la Révolution ? Gardez-vous-en bien : car nulle autre part il n'a été conclu contre elle, dans ses adhérents, par un si fulminant anathème. Entendez-le, parlant aux Italiens :

« Pour un vain système d'unité numérique et
« absolue qui n'intéresse en rien, je l'ai fait voir,
« votre nationalité et votre liberté, vous avez élevé
« entre vous et deux cent millions de catholiques
« une barrière qui grandit chaque jour. Vous
« avez mis contre vos plus légitimes espérances,
« plus que des hommes, vous y avez mis le Chris-
« tianisme, c'est-à-dire le plus grand ouvrage de
« Dieu sur la terre, sa lumière et sa bonté visibles,
« l'empire des âmes, la pierre où sont venus se
« briser tous les desseins ennemis. Sachez-le bien,
« c'est Dieu qui a fait Rome pour son Eglise. Il n'y
« a pas un consul ni un César dont la pourpre n'ait
« été prédestinée pour orner le trône où devait
« s'asseoir le Vicaire de Jésus-Christ. Vous avez
« mis contre vous une volonté éternelle de Dieu.
« Vous la trouverez, n'en doutez pas ! »

Que pourrait-on dire de plus fort, à cette heure, contre les spoliateurs et les geôliers de la Papauté ?

Mais j'entends qu'on dit : c'est fort bien quant à la Révolution en Italie, parce que là, comme le dit Lacordaire, elle s'est attaquée « au contre de l'œuvre divine » qu'il était de la profession du grand Dominicain de venger. Mais pensait-il de même de la Révolution *française,* chez soi, à laquelle le propre du libéralisme est d'être indulgent et de vouloir, coûte que coûte, nous acclimater ? — A cette question, voici incontinent la réponse :

« Hélas! qui le sait mieux que nous, Français ? « Voilà soixante-dix ans (il écrivait cela en 1860) « que nous poursuivons dans notre patrie l'édifice « de notre liberté, et jamais nous n'avons pu obte- « nir du temps la consécration de nos efforts. « Quand nous croyons avoir bâti, un vent se lève « sur notre ouvrage et nous fait des ruines qui « étonnent tous les témoins de nos tragiques mé- « comptes. Qu'est-ce donc qui nous manque ? Ce n'est

« ni le courage militaire sur les champs de ba-
« taille, ni l'heureux succès dans les hasards, ni
« les orateurs inspirés, ni les grands poètes, ni les
« jurisconsultes habiles à discerner le droit, ni
« rien de l'homme et de l'art : nous avons tout,
« excepté Dieu. Et Dieu nous manque *parce que*
« *nous n'avons pas voulu placer dans nos fon-*
« *dements son Évangile, son Église, son Christ.* »

Revoilà le P. Lacordaire des Conférences, avec
je ne sais quoi de plus accentué et déclaré.

Quel poignant résumé de notre histoire depuis 89,
au compte de Lacordaire! et combien le quart
de siècle qui s'est écoulé depuis 1860, où il écrivait
cela, n'est-il pas venu le confirmer? Que de *tragi-*
ques mécomptes depuis! et de combien d'autres
ne sommes-nous pas menacés dans ceux que nous
subissons à cette heure, tournant toujours dans le
même cercle de déceptions et de maux, si ce n'est
qu'il se resserre de plus en plus? Oui, *hélas! qui*
le sait mieux que nous, Français? et qui agit
plus comme ne le sachant pas, par notre obstina-

tion à vouloir nous passer politiquement de Dieu, en ne *plaçant pas dans les fondements de l'é-difice de nos libertés* son Evangile, son Christ et son Eglise... ?

Voilà ce que le P. Lacordaire, dans l'un de ses deux écrits qui sont la dernière ressource de ceux qui veulent s'autoriser de son libéralisme ou de ceux qui sont portés à le lui reprocher, pensait et disait hautement de cette capitale erreur de notre âge. Ce n'est pas qu'il ne fût libéral, au sens générique de partisan des libertés publiques. Mais pour cela même il ne l'était pas comme nous le sommes à notre sens révolutionnaire, si funeste à ces mêmes libertés. Son libéralisme était religieux, chrétien, catholique, et en cela, dans son principe comme dans ses résultats, le diamétral contre-pied de l'autre.

*
* *

Voyons-le, toutefois, dans son second écrit en question : *Discours sur la loi de l'Histoire*.

Il parut y préconiser la Révolution et plusieurs

s'en alarmèrent. Sans doute, selon son aventureuse manière de se pencher vers le siècle pour le sauver du naufrage, il y navigue *entre Charybde et Scylla* ; mais c'était bien mal le connaître de craindre que lui-même y échouât et qu'il ne rentrât pas magnifiquement et à toutes voiles dans le port de la vérité. Suivons-le dans cette périlleuse manœuvre.

D'abord, après avoir usé du mot « la Révolution », il ne tarde pas à s'en défaire. — « La Révo-« lution, ou si vous aimez mieux *l'esprit moderne,* « dit-il, car *je me lasse de me servir d'un mot* « *équivoque.* » — De l'équivoque, en effet, il n'avait pas moins horreur que *du lieu commun.* — C'est pourquoi laissons-le aller sur ce qu'il entend par *l'esprit moderne.*

Dans son écrit *De la liberté de l'Italie et de l'Église* nous avons déjà vu que pour lui l'esprit moderne consistait en ces trois principes : — l'Egalité civile, — la Liberté politique, — la Liberté religieuse ; et nous avons pu regretter qu'il ne s'en expliquât pas autrement. Ici ce regret va disparaître. Il semble même que son scrupule à cet égard y ait été en raison de la plus grande liberté à lui offerte par son sujet :

« L'Egalité civile, *y dit-il, qui n'emporte pas* « *l'égalité absolue, laquelle est une chimère dé-* « *savouée par la diversité des aptitudes et des* « *mérites ;* — La Liberté politique, *par des as-* « *semblées* REPRÉSENTATIVES *qui concourent à* « *l'œuvre* SOUVERAINE *de la législation ;* — La « Liberté religieuse, *par le respect de tous les* « CULTES *qui ne sont pas immoraux ; liberté* « *qu'on peut blâmer,* MÊME AU POINT DE VUE DE « L'ESPRIT MODERNE, mais qu'on ne peut nier être « meilleure que le principe antérieur du protes- « tantisme (subordonnant en effet toute liberté « religieuse au césarisme jusqu'à la proscription « et au *Cullurkampf). »*

Voilà qui n'est pas mettre l'hypothèse libérale à la place de la thèse catholique, ni même en abuser contre celle-ci. — Comment! s'écrieront quelques-uns, Lacordaire n'était pas plus libéral que cela... ? Eh non ; parce qu'il était catholique, et qu'on est catholique ou qu'on ne l'est pas.

Remarquez, en effet, qu'aucun des principes de 89 : les droits de l'homme, la souveraineté du peuple, la loi ne tirant son origine que de la seule volonté nationale, la sécularisation de l'Etat, le gouvernement parlementaire, etc., etc.. que rien de tout cela n'apparaît dans la conception de *l'esprit moderne* par Lacordaire, et qu'il faut bien en rabattre de cet *invincible attachement aux principes de* 89 que lui prêtait si cavalièrement Montalembert.

Mais, préparons-nous, sur ce point même, à un autre étonnement.

Cet esprit moderne, ainsi précisé, à qui ou à quoi en sommes-nous finalement redevables ? — A 89, s'écrieront nombre de voix. — Ce n'est pas répondre. — En 89, en effet, il y eut deux choses ; deux choses aux prises et dont l'une tua l'autre : la Royauté, saluée par la nation *restauratrice des libertés françaises;* la Révolution, débutant aussitôt par la séance du Jeu-de-Pomme contre la

Royauté et ces libertés. — La question revient
donc à savoir auquel de ces deux 89, si contraires,
celui de la Monarchie ou celui de la Révolution,
nous sommes effectivement redevables de l'esprit
moderne bien entendu. — Or, Lacordaire le rapporte, non seulement à la *Monarchie* de 89, mais
à *toute la Monarchie française en remontant son
cours de quatorze siècles,* dont 89 ne fut que
l'aboutissant rendu *malheureux.*

« A cette France catholique et monarchique, dit-
« il, qui portait à ses princes un tel amour, que
« le trône où ils étaient assis passait dans l'opinion
« universelle pour le premier trône du monde, le
« plus doux et le plus glorieux où il fût donné à
« un homme mortel de commander à des hommes.
« Trois races de rois, en une seule, où l'on comptait
« des saints, des preux, de grands capitaines, des
« âmes chaudes, des caractères aimables, avaient
« présidé aux destinées de ce peuple, agrandi
« et affermi son unité, formé sa langue dans leurs
« cours, tellement entrelacé leur histoire à la

« sienne, que dans leurs fautes ils n'en perdaient
« guère l'affection, et que dans leurs malheurs ils
« étaient sûrs de la recouvrer... »

Si beau, si noble et si touchant de vérité et d'expression que soit ce grand langage, et peut-être
pour cela même, on pourrait le prendre pour une
oraison funèbre de ce monarchique passé de la
France et comme un acquit de patriotisme purement
historique n'ayant rien de commun avec notre
esprit moderne qui en serait plutôt la réaction.
Mais nullement : c'est cet *esprit moderne* même en
ce qu'il a de bon, que Lacordaire entend nous montrer là, dans sa genèse et dans son cours ininter-
rompu, tout à la fois monarchique et national,
mais plus particulièrement d'initiative monarchique.

« Ne sont-ce pas nos rois, en effet, reprend le
« grand orateur publiciste, qui depuis la troisième
« race, connaissant notre faible ou notre génie, ont
« pris à tâche de rapprocher d'eux ce qui en était
« le plus loin ? Tandis qu'en Angleterre les com-
« munes s'unissaient aux barons pour mettre un

« frein aux excès de la royauté, la royauté française
« s'unissait aux communes pour restreindre ou
« abaisser le pouvoir des seigneurs, alliance diverse
« et persévérante qui a fait le sort des deux pays :
« en Angleterre un patriciat vigoureux, mais en
« France une monarchie incomparable dans sa
« durée, sa force, sa modération, parce qu'elle
« avait avec elle le fond du peuple s'élevant avec
« elle. Dans ce mouvement d'ascension réciproque,
« où le roi poussait le peuple et où le peuple pous-
« sait le roi, l'aristocratie finit par s'amoindrir dans
« des hommes de cour, et bien que son sang, sa
« fortune et ses traditions fussent toujours au ser-
« vice de la France, il vint une heure où le peuple
« parut plus grand qu'elle : cette heure fut la Révo-
« lution. Elle avait commencé avec notre nature ;
« secondée par notre histoire, elle éclata comme
« tout ce qui est mûr, par un accident. »

C'est bien d'une telle page qu'on peut dire ce que,
dans ses *Mémoires d'outre tombe,* Châteaubriant
écrivait des premières qui sortirent de la plume du
grand Dominicain : « Ce n'est pas seulement un

« talent hors ligne, c'est un talent unique. C'est
« immense comme beauté et comme éclat ; je ne
« sais pas un plus beau style ! »

On peut en dire de même du fond. Quelle transparente vérité de notre histoire, de toute notre histoire comparée à celle des autres États de l'Europe, en vingt lignes ! M. Guizot, dans son cours sur l'*Histoire de la civilisation en Europe,* a traité professoralement le même sujet ; mais il saute aux yeux, auprès de cette seule page de Lacordaire, que son protestantisme, en dépit de son autoritarisme conservateur, l'a fait errer historiquement du tout au tout, en ne lui faisant voir dans ce rapport de la Royauté et du peuple en France qu'une *lutte* quatorze fois séculaire dont la Révolution aurait été le dernier triomphe du peuple sur la Royauté.

Mais Lacordaire, lui aussi, dans son tout autre aperçu, n'est-il pas sans attribuer à la Révolution un certain rôle ? Il est vrai ; mais comme il est vrai que *les extrêmes se touchent.*

Quel est le rôle, en effet, que Lacordaire attribue à la Révolution ? C'est le rôle de *l'heure* et de *l'ac=*

cident : l'heure de *l'évolution monarchique et catholique* de l'esprit moderne parvenu, dans sa provenance tout à la fois royale et nationale, à maturité ; et l'accident qui a fait éclater la chose. — Cet accident pris en soi, la Révolution, était-il nécessaire ? A-t-il été pour le mieux ou pour le pire de l'esprit moderne ? Telles sont les deux questions qui semblent rester ici en suspens.

Or, quant à la première, celle de la nécessité de la révolution, il est évident que, dans la pensée de Lacordaire, elle se résout par la négative. Cela résulte de tout ce qu'il vient de nous dire de ce *mouvement d'ascension réciproque* par lequel *notre incomparable monarchie n'avait cessé d'élever avec elle le fond du peuple ;* cela résulte de « tous les cahiers généraux se résumant par ces « mots : « CONCILIER LA LIBERTÉ NOUVELLE AVEC LE « CATHOLICISME ET L'ANCIENNE ROYAUTÉ ». comme l'a constaté le plus fanatique des historiens de la Révolution (1) ; cela résulte enfin de ce que le même a déclaré en ces termes formels : « Supposez que la

(1) Edgard Quinet. *la Révolution*, t. I. p. 186.

« France ne se fût proposée que ce qu'elle a ob-
« tenu, elle n'aurait pas eu besoin de la Révolu-
« tion. Tout était facile, tout s'accomplissait *de soi*,
« tant que l'on ne touchait pas à la religion et à
« la royauté. Les lieux, les souvenirs, les intérêts,
« les priviléges, les parentés, les hostilités de race,
« tout cédait. La révolution était faite. Mais le
« jour où l'on voulut la liberté politique (contre
« la religion et le pouvoir) tout changea et l'on
« sembla se mesurer avec l'impossible. Alors na-
« quirent les tempêtes. On parut s'insurger contre
« la nature des choses (1). » — Tant Lacordaire,
dans sa conception historique de l'esprit moderne,
comme étant d'essence catholique et monarchique,
aboutissant *de soi*, sans que la révolution y ait eu
d'autre part que celle de l'heure et de l'accident,
était dans le vrai !

Maintenant, quant à la seconde question : celle
de savoir si cet *accident*, substitué à la *chose* même,
a été heureux ou malheureux dans sa suite séculaire, et s'il peut y avoir *jamais* quelque compati-

(1) Edgard Quinet, *ibid.*, t. 1. p. 62. 123.

bilité, quelque accommodement possible entre nous et la Révolution, — ce qui est finalement la question libérale, engagée, de fait, dans le discours de Lacordaire, — à Lacordaire seul de s'en expliquer ; et il le fait ainsi qu'il suit :

« Tels sont, Messieurs, les véritables *principes* « de l'esprit moderne. Le dix-huitième siècle en « hâta *peut-être* le développement ; *mais ce fut* « *pour leur malheur bien plus que pour leur* « *progrès*. Instrument de scepticisme et de matéria- « lisme, le dix-huitième siècle a corrompu *même le* « *bien*. C'est à lui que notre âge doit ses impuis- « sances et ses douleurs ; et si tout ce que nos pères « nous ont légué d'inspirations et d'efforts devait « périr sans fruit, si nous servons mal de géné- « reux desseins, et si notre âme n'est pas aussi « grande que nos vœux, il faut croire que *deux* « *sangs* coulent à la fois dans nos veines *parta-* « *gées* ; le sang fécond de l'antiquité chrétienne « et le sang énervé d'un scepticisme corrupteur : « ce dernier nous pousse aux abîmes, l'autre nous « ramène à Dieu. »

Voilà le dernier mot de Lacordaire par où nous le trouvons toujours fidèle à lui-même, et lui-même toujours fidèle à la vérité.

En même temps, voilà le mot le plus complet et le plus vrai sur la question libérale.

Après les belles pages où il nous a si bien montré l'esprit moderne se développant par un progrès continu au sein de la France catholique et monarchique, peut-on professer plus énergiquement le dualisme survenu dans le sort de cet esprit au dernier siècle que par l'antagonisme de cette alternative : *les abîmes ou Dieu?* — Il n'incline pas moins vers 89, dira-t-on. — Sans doute, en ce sens précisément que 89 appartenait avant tout à la France catholique et monarchique par tous les antécédents de l'esprit moderne venu au terme le plus avancé de son mouvement continu depuis quatorze siècles. Mais, autant il incline vers 89, en ce sens-là, autant il rompt en visière avec 89 au sens de la Révolution ayant fait dévier cet esprit vers les abîmes.

Mais n'aurait-il pas eu tort de tenir à l'esprit

moderne, même au sens catholique et monarchique, la Révolution l'ayant perverti ? Toute la question libérale est là ; et, ainsi posée, elle a plus
de portée qu'on ne pense.

En effet :

Deux écoles sont de nos jours en présence : l'une
qui par amour de l'esprit moderne va jusqu'à pactiser avec la Révolution ; l'autre qui par haine de
la Révolution va jusqu'à répudier tout esprit moderne. La lutte entre ces deux écoles est d'autant
plus déplorable que ni l'une ni l'autre n'a lieu d'être
satisfaite de son parti pris : la première, parce
que l'esprit de la Révolution, loin d'être moderne
est un vieil esprit rétrograde d'oppression et d'arbitraire ; la seconde, parce que, en abandonnant
l'esprit moderne à la Révolution, dont il est le
masque, elle fait les affaires de celle-ci : et toutes
deux parce que, en se contrebuttant, elles empê-
chent les choses d'avancer, si ce n'est vers la
ruine.

On oublie, des deux parts, une chose préalable :
à savoir, de se demander si, réserve faite de sa

provenance, il n'y aurait pas un vrai et bon esprit moderne en soi, avec lequel on serait obligé de compter, et dont on aurait même le plus grand intérêt à se prévaloir contre la Révolution.

Si cela était, quelle serait la conduite à tenir? Serait-ce de demander cet esprit à la Révolution, sa plus mortelle ennemie? Serait-ce de le lui abandonner parce qu'elle l'aurait perverti? Ni l'un ni l'autre : ce serait de le lui reprendre ; d'abord, parce que toute erreur n'étant qu'une vérité préexistante dont on abuse, si on abandonnait une vérité pour son abus, il ne resterait bientôt plus de vérités, et les plus essentielles surtout y passeraient comme étant d'étoffe à fournir une plus spécieuse apparence à l'erreur; en second lieu, parce que le meilleur moyen de confondre celle-ci sera toujours, non de lui accorder ce qui fait son prestige, mais de le lui retirer et objecter comme on retirerait la lame d'une noble épée de son fourreau contre un meurtrier qui s'en serait emparé pour ses crimes.

Cela posé, je dis hautement que nous avons un

tel esprit moderne; et je le dis, non seulement avec Lacordaire, mais avec le grand Balmès dans son immortel ouvrage à ce consacré : *le Protestantisme comparé au Catholicisme dans ses rapports avec la civilisation européenne*, et non moins avec le cardinal Pecci, préludant, comme archevêque de Pérouse, par ses mémorables mandements sur *l'Église et la civilisation,* à ses glorieuses encycliques qui, sous le nom vénéré de Léon XIII, tiennent aujourd'hui le monde en suspens.

Ceci veut un certain développement.

*
* *

Ce qui fait le prestige de cette locution « Esprit moderne, » ce n'est pas seulement que, à bon droit, si ce n'est même par devoir, on aime son temps ainsi que son pays, mais c'est aussi ce qu'elle contient de riche vérité : à savoir, que le monde social, depuis dix-neuf siècles, est informé d'un esprit général de perfectionnement dont l'humanité sent en elle la sève et qu'elle est jalouse de réaliser par sa croissance en civilisation. Immanent en elle dans

son fonds et continu dans son action, cet Esprit
est ainsi moderne en chacun de ses essors. —
La seule question est de savoir à qui revient
cet esprit-là. — Or cette question ne saurait en
être une pour personne. — A ne prendre les
choses qu'en fait, c'est un fait grand comme le
monde que ce monde même est appelé, en toute
langue, *moderne*, et que toute la chronologie de
son histoire date d'un ère des plus précises
qualifiée également de *moderne*. Et pourquoi moderne ? Est-ce parce qu'il serait postérieur au
monde ancien et en progrès naturel sur lui par
simple continuation ? Mais d'abord ce monde ancien lui-même, qui eût été si intéressé à s'attribuer cette provenance, l'a abdiquée doublement :
soit en proclamant à l'avance par tous ses oracles que tout allait recommencer *ab integro* par
une totale renaissance des siècles et des choses ;
soit, quand l'évènement se produisit, en engageant une lutte à mort contre lui. Ensuite,
comment ce monde moderne n'aurait-il pas eu
le même sort que le monde ancien, de perdre

ce titre de moderne et de devenir ancien à son tour? Mais non, comme il a été moderne de sa sorte, il l'est resté. Dix-neuf siècles passés sur lui n'ont pu effleurer même en lui ce caractère; et, comme pour le faire ressortir, nous avons vu la risible entreprise de cette nouvelle ère de la Révolution épuisée à son *An XII,* sans avoir interrompu le cours dix-neuf fois séculaire de l'ère seule moderne.

C'est que le monde moderne n'a pas été seulement tel à sa naissance quand l'Esprit chrétien l'a fait surgir, ou quand il l'a eu comme ébauché en le dégageant de la corruption païenne et de la barbarie germanique, mais que, resté au sein de sa création, ce même Esprit n'a cessé de le *moderniser*, pour ainsi parler, en le civilisant de plus en plus à travers tous les obstacles et toutes les résistances, comme son *Mens agitans molem,* regagnant par crises, au-delà de ce qu'il semblait y perdre, et finissant toujours par entraîner ses adversaires ou par leur passer dessus.

« Quand on regarde l'ensemble, a dit un maî-
« tre, la civilisation chrétienne se montre in-
« comparablement plus riche qu'aucune autre.
« Aussi voyez : voilà dix-neuf siècles qu'elle
« dure, et elle est dans un état de progression
« continue. Elle entrevoit devant elle une im-
« mense carrière et elle s'y élance plus rapide-
« ment (1). »

Cela est absolument indéniable. Sans cesser
d'être de foi, le divin phénomène est devenu
d'histoire. Il s'impose à tous ; à la libre pensée elle-
même forcée, comme Balaam, de le prophétiser :

« Tous les peuples civilisés, a-t-elle dit, font
« dater leur ère du jour où Jésus naquit. — *Il*
« *reste* pour l'humanité *un principe inépuisable*
« *de renaissances morales.* — Pour se renou-
« veler on n'a qu'à revenir à l'Evangile. — Il
« a posé la base *du vrai libéralisme et de la*
« *civilisation.* — Après avoir parcouru tous les
« cercles d'erreurs, l'humanité y reviendra comme

____

(1) M. Guizot. *Histoire de la civilisation.*

« à *l'expression immortelle de sa foi et de*
« *ses espérances* (1). »

Comment pourrait-il en être autrement? Il faudrait que le type chrétien, que l'idéal évangélique après avoir fait le monde *moderne* eût cessé lui-même de l'être, fût passé. Mais il n'y a de passé que ce qui est dépassé. Or, qui a dépassé l'Evangile? qui le dépassera? qui l'atteindra jamais? Il est la Perfection aux flancs de l'humanité qui, quels que soient ses chutes ou ses écarts, en aura toujours la noble fièvre et y reviendra toujours comme à la seule voie ascentionnelle de ses relèvements et de ses progrès : ce qui ne sera pas revenir en arrière mais en avant; car il a des provisions intarissables pour le plus lointain avenir et ce qu'il a été du premier jour il le sera jusqu'au dernier : la *Bonne nouvelle,* toujours nouvelle, comme l'eau vive de cette fontaine du Sauveur jaillissant sans cesse à l'éternelle hauteur d'où elle vient.

(1) M. Renan, *Vie de Jésus.*

Cela est si vrai et si fort, il est si vrai
que l'Esprit chrétien est le premier et le dernier de toute civilisation, l'esprit moderne à
toujours, que la conduite à son égard de ses
plus mortels ennemis témoigne irréfutablement
contre eux-mêmes qu'il n'y en a pas d'autre.
Au plus fort en effet de leur hostilité ils n'ont
pu rien inventer en dehors de lui. Ils en ont
toujours été réduits à la guerroyer de ses propres dons ; leur esprit moderne n'a été qu'une
grossière contrefaçon du sien ; et c'est de là
précisément que vient l'équivoque. — Tels surtout le dix-huitième siècle et la Révolution.

Qu'a-t-il pu faire autre chose, en effet, ce
siècle décrépit, pour se donner des airs de jeunesse, que de farder et de poudrer, pour ainsi
parler, sa philosophie de l'Evangile ? Son *Vicaire
savoyard*, enfant terrible, le lui dit un jour naï-
vement ou traîtreusement de la sorte : « Je ne
« sais pourquoi on veut attribuer au progrès de
« la philosophie la belle morale de nos livres.
« Cette morale tirée de l'Evangile était chré-

« tienne avant d'être philosophique... » Et il
ajoutait contre lui-même : « L'Evangile *seul* est
« toujours vrai, toujours *unique* et toujours sem-
« blable à lui-même. » — Et la Révolution
donc! qui ne fut que la tragédie de cette sa-
crilége comédie, où a-t-elle pris ces grands mots
de « Liberté, Egalité, Fraternité » dont elle a
fait son *Mane, Thecel, Phares* contre tout ce
qu'ils signifient...? Ses fameux *Droits de l'homme*
eux-mêmes, si pervertis par elle, où en était
la notion dans le monde entier avant le christianisme qui seul les y a introduits et fait prévaloir par ses légions non de bourreaux mais
de martyrs contre l'oppression universelle du
genre humain?

Tout cela qu'est-ce autre chose que l'Evangile,
mais l'Evangile corrompu, satanisé?

Et remarquez bien ceci, qu'il n'en a été jamais
autrement de tout ce qui s'est élevé contre le
christianisme dans le cours des siècles. Que de
doctrines lui ont disputé l'empire! Eh bien, trouvez-
en une seule qui ne se soit réclamée de lui et

même en le faisant sonner bien haut? Tant il est ancré dans les mœurs modernes qu'on ne peut avoir prise sur elles que par un larcin fait à sa vérité! Trouvez-en une seule qui n'ait été une *hérésie*, un *choix*, un lambeau de son intégrité, et qui, d'une façon ou de l'autre, ne lui ait ainsi payé tribut? Seulement, ce tribut, faute d'être entier comme lui, a toujours été funeste à ces *Ananies*, judaïsans de sa foi, et leur survivant comme il les avait précédés, il n'a cessé d'être *l'Esprit moderne*.

Mais à quelle condition? — Il est temps que je le dise, car on pourrait me louer ou m'accuser d'un certain libéralisme que je ne crois pas plus mériter que Lacordaire. — A la condition d'être le vrai libéralisme et le vrai esprit moderne que nous venons de voir. Et voici pourquoi et comment en deux mots :

D'où vient que toutes les hérésies qui ont dévié de l'Evangile en se réclamant de lui dans cette déviation même ont été si calamiteuses? Il semble

que dès lors qu'elles en empruntaient quelque chose
elles auraient dû proportionnellement en bénéficier. Pourquoi a-ce toujours été finalement le
contraire ? C'est parce que l'Evangile est si adéquat, si parfait, si *optime,* que, selon l'adage fatal,
sa *corruption* ne peut être que *la pire.* L'extrême
mal témoigne ainsi du suprême bien. Lacordaire
a donc fort bien dit : « Le dix-huitième siècle
« a corrompu même le *bien* : c'est à lui que notre
« âge doit ses impuissances et ses douleurs. » — On
a beau se dire la Révolution, on a beau se poser
en Hercule, on ne revêt jamais impunément la
robe de Nessus après l'avoir empoisonnée de ses
flèches.

Mais alors, dira-t-on, l'Evangile aurait été un
don funeste à raison de sa perfection même nous
exposant à des maux si grands par ses abus iné-
vitables ? — Incontestablement. — Mais c'est ici
précisément qu'éclate la divinité de son Auteur :
en ce que, prévoyant qu'un si grand Bien d'où
devaient sortir tant de biens, aurait été converti
du premier jour de remède en poison et se fût

dissous en mille hérésies s'il eût été abandonné au sens humain sans garde-fou contre les erreurs et les passions, il l'a immédiatement assorti d'une Institution douée du même Esprit céleste qui en a doté le monde, pour être dépositaire, préservatrice et dispensatrice de sa vérité et de sa vertu, et hors laquelle on fut inexcusable de vouloir se l'administrer à soi-même : la sainte Eglise, de plus en plus manifeste aux yeux de tous par le perpétuel et croissant prodige de cette surnaturelle mission.

Ainsi donc, dans cet ordre d'idées : l'Eglise, la civilisation, l'esprit moderne, c'est tout un, c'est l'Evangile immuable dans son fonds, mais se dilatant successivement et progressivement comme un céleste levain de vie et de développement social dans la masse de l'humanité ; comme un chêne antique qui, de son même tronc, pousse chaque printemps de jeunes et vigoureux rameaux en épanouissement continu de sa robuste et inépuisable essence.

Que Lacordaire soit donc encore ici salué, et que

sa mémoire soit bénie, pour s'être porté avant tout l'Apôtre inspiré de cette Eglise à laquelle il a exclusivement consacré dix ans sur douze de ses immortelles conférences de Notre-Dame, et dont il n'a jamais dévié dans ses écrits, à cette fin de lui ramener notre société moderne comme une fille ravie à sa mère; si bien, que, sans sacrifier un *iota* de la pure Doctrine et de ses sanctions, mais prenant cette société égarée par tout ce qui lui reste encore de bon, de noble, de généreux, de libéral au bon sens du mot, et en cela de Catholique et de Français, il aura puissamment contribué à cette grande réconciliation qui est le laborieux problème de notre époque. Par là il a bien mérité à la fois de l'Eglise et de la civilisation, et il peut prendre place entre l'éminent Archevêque de Pérouse et Balmès (1).

(1) Mais quel serait donc, demandera-t-on, cet Esprit *actuellement* moderne par lequel, en dépit de la Révolution, notre époque serait en progrès social par continuité du mouvement civilisateur du Catholicisme? — La réponse ne m'embarrasse que de sa richesse: car il me faudrait faire le tableau de tout le bien qui s'opère de nos jours et qui nous fait dire : *un telle société ne saurait périr!* Le découragement ne sert à rien. Gardons-nous de cette disposition sénile à ne voir que le mauvais de son âge et que le bon

Ainsi prise, la question libérale est résolue, parce qu'elle l'est à l'égard des deux partis qui l'ont nouée à l'encontre l'un de l'autre.

Sans doute, le libéralisme qui procède de 89 et de ses fameux *principes*, qui n'ont de l'esprit moderne que le leurre, est inexcusable de prêter toujours son crédit à la banqueroute sociale de la

d'autrefois. Jamais l'Église offrit-elle un tel spectacle d'autorité douce et forte, unique au monde, dans la plus grande universalité, par delà ses fidèles, de déférence et de respect de tout ce qui prétend à la civilisation ? Jamais la concentration de ses forces fut-elle plus puissante ? Jamais son expansion, tournant à soi toutes les découvertes, pénétra-t-elle plus avant dans les continents les plus mystérieux, en même temps que dans nos vieilles cités elle fait éclore tant d'œuvres de rajeunissement ! Quelle fermentation catholique de régénération sociale ! — Nos mœurs, il est vrai, sont déplorables. Mais comment ne le sont-elles pas davantage sous les excitations au mal de ce qui devrait les mener au bien ? Les scandales, d'ailleurs, n'y sont-ils pas surpassés par les protestations, et la conscience publique ne les flétrit-elles pas ? A tout prendre, l'humanité étant donnée, et par comparaison avec des régimes moins subversifs, ne valons-nous pas encore quelque chose, et quelque chose, en un sens, de plus avancé en civilisation, par infusion générale du même Esprit chrétien informant de mieux en mieux le monde et le préparant à d'incessants renouveaux ?

Faut-il enfin nous l'apprendre, au risque de nous flatter ? Malgré l'affreuse éclipse que notre civilisation subit en ce moment, en voici les principaux traits, encore reconnaissables, magistralement tracés de la main de Balmès :

« L'individu, enrichi d'un vif sentiment de sa dignité, d'un fonds
« abondant d'activité, de persévérance, d'énergie, et d'un déve-

Révolution. Mais encore n'est-il inexcusable, pour ainsi dire qu'à moitié, tant que, d'autre part, — ne se buttant pas à la pure négation toujours stérile sans l'affirmation de son contraire, mais donnant, pour ainsi parler, plus d'air à la question, — on ne prendra pas en main, avec Lacordaire, la cause de l'esprit moderne en le

« loppement simultané de toutes ses facultés : — la femme, élevée
« au rang de compagne de l'homme, et pour ainsi dire récom-
« pensée du devoir de la soumission par les égards respectueux
« qu'on lui prodigue ; la douceur et la fermeté des liens de famille,
« protégés par de puissantes garanties de bon ordre et de justice ;
« — une conscience publique admirable, riche de sublimes maxi-
« mes morales, de règles de justice et d'équité, de sentiments
« d'honneur et de dignité, conscience qui survit au naufrage de
« la moralité privée, et ne permet pas que l'effronterie de la cor-
« ruption monte à l'excès où on l'a vue dans l'Antiquité ; — une
« certaine douceur générale de mœurs qui, dans la guerre, évite
« de grandes catastrophes, et dans la paix rend la vie aimable et
« plus paisible ; — un respect profond pour l'homme et pour ce
« qui lui appartient, ce qui rend très rares les violences des par-
« ticuliers, et sert, sous toute espèce de régimes politiques,
« comme d'un frein salutaire pour contenir les gouvernements ;
« — un désir ardent de perfection dans toutes les branches ; —
« une tendance irrésistible, parfois mal dirigée, mais toujours
« vive, à améliorer l'état des classes nombreuses ; — une impul-
« sion secrète qui commande de protéger la faiblesse, de secourir
« l'infortune, impulsion qui suit quelquefois son cours avec une
« ardeur généreuse, et qui, toutes les fois qu'elle ne trouve point
« à se développer, reste dans le cœur de la société, et y produit le
« malaise et l'inquiétude d'un remords ; — un esprit cosmopolite

reportant, suivant *la loi de l'histoire,* à sa véritable origine et provenance et le disputant à la Révolution, comme Balmès a disputé la civilisation européenne au protestantisme, ce qui est la même cause ; tant que, pour mieux rompre avec le *sang énervé d'un scepticisme corrupteur qui nous pousse aux abîmes,* on ne rétablira pas, par sa communi-

« d'universalité, de propagande ; — un fonds inépuisable de res-
« sources pour se rajeunir sans périr, et pour se sauver dans les
« plus grandes crises : — une impatience généreuse qui veut
« devancer l'avenir, et d'où résultent une agitation et un mouve-
« ment incessants, quelquefois dangereux. mais qui sont commu-
« nément le germe de grands biens et le symptôme d'un puis-
« sant principe de vie : tels sont les grands caractères qui dis-
« tinguent la civilisation européenne, tels sont les traits qui la
« placent dans un rang immensément supérieur à celui de toutes
« les autres civilisations anciennes et modernes. »

De ce large portrait de notre civilisation il ressort trois choses :
— D'abord, que non seulement elle ne procède en rien de la Révolution, mais qu'elle est en dépit d'elle et de tout ce qu'elle fait pour la corrompre et l'enchaîner : — ensuite. qu'elle est bien *nôtre,* je veux dire de notre âge, en progrès de socialité sur les âges précédents : — enfin. que. résultat de la force acquise de ces âges chrétiens, mais ayant à réagir contre la force rétrograde jusqu'à la barbarie de la Révolution, elle périrait bientôt. si nous ne revenions, non aux *degrés* déjà franchis mais au *Principe* permanent de la civilisation moderne à tous ses degrés. non au moyen âge mais à la foi du moyen âge, ou plutôt encore à l'Evangile éternel de Jésus-Christ dans son Eglise immortelle Lui enfantant tous les âges.

cation avec le cœur de l'Eglise et de la France, la circulation du *sang fécond de l'antiquité chrétienne qui ramène à Dieu.*

Que s'il y a du libéralisme à cela, il est de bon aloi. Il n'a rien à voir avec l'autre ; avec celui que, loin de le partager, Lacordaire, dès 1846, caractérisait et flétrissait de la sorte :

« Voyez l'état où est la France après cinquante
« ans d'essais et d'efforts pour vivre avec le seul
« sens humain. Quel pitoyable état que celui du
« libéralisme, et comme il trouve la mort dans
« sa victoire ! Point de principes, point de cœur,
« point de gloire, voilà depuis quinze ans toute
« sa vie. Non qu'il n'ait eu des pensées généreuses
« et qu'il n'ait accompli des réformes utiles ; mais
« il n'a jamais voulu de l'Eglise pour compagne
« de ses desseins, et il expire, après cinquante
« ans, dans le vide et la platitude.

« Si l'Eglise n'était pas là, nous toucherions
« au bas-empire, et malgré elle, on sent partout
« une odeur d'eunuque. Je ne crois pas qu'une

« doctrine et un parti aient jamais reçu de châ-
« timent plus sanglant de la Providence (1). »

Le P. Lacordaire a été l'apôtre par excellence
du Catholisme et de l'Eglise, pour mieux être
celui de la civilisation à notre époque ce qui revient à dire *moderne*. Il a été libéral en ceci.
Mais, par là même, autant il a été libéral ainsi.
autant il a fait justice, par sa parole et ses écrits
de ce faux libéralisme qui, pour ne pas vouloir
que l'Eglise soit *la compagne de ses desseins*.
mais s'inspirant plutôt de la Révolution, pèche
tout à la fois et contre l'esprit moderne et contre
l'Eglise, tant l'un ne peut aller sans procéder de
l'autre.

Seulement l'illustre dominicain a compris qu'il
fallait en agir envers lui à la manière des grands
capitaines, en prenant ce libéralisme non corps à
corps, ce qui donnerait lieu à l'équivoque général de
nos jours d'en vouloir à l'esprit moderne, mais par

(1) *Lettres inédites du P. Lacordaire,* page 176. — Chez Pous-
sielgue, 1874.

une sorte de *mouvement tournant*, qui le débordant de tout le passé et de tout l'avenir, l'isole dans son chétif présent; qui l'enveloppe de ce même esprit moderne qui fait son prestige, lui en oppose l'accablante vérité dont il est le mensonge, et lui laisse pour adieu ce cri vainqueur : « Moi, j'ai mes destinées éternelles; toi, achève « ta fin et deviens ce que tu peux! »

Faisons de même. Mais, à cet effet, il faut nous dégager de tout étroit parti pris, pour nous rencontrer tous, de nos divers points, et par un retour complet, sur cette haute et large vérité catholique où il nous appelle. Il faut réagir; réagir d'abord sur soi, pour réagir autour de soi : ce qui, après tout, est le propre caractère de la vertu et du devoir.

A cet égard, l'illustre Père nous a laissé mieux encore que d'immortels discours : de mémorables exemples; exemples des mieux appropriés à ceux-là, précisément, qui s'autoriseraient abusivement de lui pour rester dans l'erreur.

C'est ce qui nous reste à voir, pour achever de le faire connaître, à son surcroît de louange et pour notre plus grande instruction.

CHAPITRE VIII

Son passage à l'Assemblée nationale.

CONCLUSION

Dans un parallèle avec Lamennais, le P. Chocarne a trouvé le mot juste qui caractérise Lacordaire.

« Autant l'un, dit-il, savait mal s'arrêter
« quand il était parti, autant l'autre avait *le*
« *secret de ces retours soudains* qui décèlent
« autant de respect sincère de la vérité que de
« franche humilité du cœur (1). »

Ce secret-là n'est rien moins que celui de la vertu à sa plus haute puissance, parce que, comme dans les nombres carrés, elle y est multipliée, peut-on dire, par elle-même. Cela est rarement et imparfaitement donné à la seule

---

(1) *Vie intime.*

nature, et il y faut la sainteté, parce qu'il y faut non seulement le respect sincère de la vérité mais encore cette *franche humilité du cœur* portée jusqu'à s'exécuter soi-même, ce qui, dans certaines circonstances, est surhumain.

Qui peut se flatter de ne pas faillir dans le bien même, ne serait-ce qu'en se l'appropriant? et combien qui en ce sens-là pèchent à tous les yeux, excepté aux leurs propres, les fermant sur eux-mêmes plutôt que de se désavouer, et s'imputent souvent à mérite ce qui est faiblesse ?

Le retour! donc, *le retour!* voilà ce qui importe à cette heure si féconde en honnêtes égarements de ce genre.

Or, Lacordaire nous a laissé en cela de grands exemples, à ce point que, loin de l'accuser, on aurait eu plutôt à le défendre parfois contre lui-même. Il a pu se méprendre sur la mesure ou sur l'à-propos de sa conduite ; mais ce qui est incomparable et fait de lui un modèle des mieux appropriés à ce temps-ci, c'est que, comme nous l'avons signalé au début de cette *Etude,* dès que la vérité, dans son caractère direct ou même indirect d'autorité lui apparaissait, *il s'arrêtait court et tournait court* à elle, quoi qu'il lui en coûtât, ou plutôt, chose admirable ! à raison même, dirait-on, de ce qui lui en coûtait. En un mot, il fut le plus parfait opposé du sectaire. C'est ce qui apparaissait souvent à l'audition de sa parole apostolique et lui donnait comme un ressort d'inattendu et de surprise des plus émouvants et édifiants. Mais c'est surtout ce qui est resté de sa conduite, et ce qui permettrait de répondre à tout ce qu'un rigorisme étroit trouverait à y critiquer : *ô felix culpa !*

Voyez-le, par exemple, dans ses retraites de l'*Avenir,* de l'*Ere nouvelle,* de l'Assemblée nationale, qui furent pour lui comme autant de saignantes ruptures dont il ne s'épargna pas le couteau. Nous n'avons à le juger ici qu'à cette dernière épreuve.

Or, si, obéissant au premier mouvement de sa généreuse nature, dans cette circonstance, il se jeta dans l'arène politique, c'est d'abord une question de savoir si ce fut une faute, ou si elle ne fut pas excusable. A cet effet, il faut bien se replacer dans la situation des esprits et des choses à ce moment historique.

Un souffle religieux s'était dégagé de la Révolution de Février. Le prêtre était convié à venir bénir sur nos places publiques les arbres de la liberté. Des candidatures sacerdotales et même épiscopales étaient agitées en divers départements; plusieurs et des plus recommandables, comme celle de Mgr Parisis et de l'abbé Cazalès avec un éclatant succès. Pourquoi pas le Père Lacordaire? Parce qu'il était moine? Mais quel moine! rappelant, je ne dis pas les Savonarole, mais les Pierre l'Hermite et les saint Bernard. Et puis n'était-ce pas au conférencier de Notre-Dame qu'on était en grande partie redevable de ce renouveau de souffle religieux si extraordinaire dans une de nos révolutions? Lui-même ne lui était-il pas redevable, et n'avait-il pas au moins à rendre au peuple, dans ses comices, cette mémorable visite de celui-ci à Notre-Dame même lorsqu'il y *porta dans ses mains soumises, et comme associé à son triomphe, l'image du Fils de Dieu fait homme?*

Et encore faut-il bien savoir si ce ne fut là qu'un de ces entrainements indélibérés dont la bonne intention ne rachète pas toujours la témérité. Or, le P. Lacordaire ne prit pas conseil, il est vrai, de sa maternelle amie, Mme Swetchine; mais, s'il ne le fit pas, c'est que la chose lui parut trop grave pour qu'il ne s'inspirât pas de plus haut encore, et qu'il ne se mit pas en règle avec ce que réclamait son caractère sacré. Et c'est Mme Swetchine qui va nous l'apprendre dans cette remarquable lettre écrite au fort de l'action et où elle se révèle si parfaitement elle-même :

« ... Que vous dirai-je de l'effet produit sur « moi de la nouvelle carrière où je vois lancé

« le P. Lacordaire? Vous pourrez juger de
« l'impression que m'a faite l'idée de son jour-
« nal (l'*Ère nouvelle*), sa présence dans les
« clubs, sa candidature à l'Assemblée nationale,
« quand je vous dirai que, dans mon premier
« mouvement, je n'aurai pas même souhaité un
« prêtre parmi les électeurs. Voilà pour le sen-
« timent. Pour mon intelligence, elle est plus
« réconciliée avec ces voies jusqu'ici insolites.
« J'entrevois que si saint Jérôme eût vécu de
« nos jours, au lieu de sa Thébaïde, il se
« serait fait journaliste, et quoi qu'il en soit,
« me récusant à cause même de la vivacité de
« mes répugnances, je baisse pavillon devant
« *l'autorité suprême du Diocèse, qui non*
« *seulement l'approuve, mais le pousse dans*
« *cette voie.* Si vous lisez l'*Ère nouvelle,* vous
« aurez vu dans l'article du 22 que le P. La-
« cordaire ne considère l'immersion du clergé
« dans les affaires publiques du pays que
« comme tout à fait temporaire, et propre seu-
« lement à *constater* une sorte de retour po-

« pulaire vers le clergé et l'alliance des pré-
« ceptes de la foi avec les principes d'une
« liberté raisonnable. A présent, arrivera-t-il
« dans cette assemblée, lui et tant d'autres qui
« ranimeraient en nous la confiance ? Je ne
« crois pas au succès du P. Lacordaire à Paris ;
« je ne sais rien de Grenoble, mais on assure
« qu'il a beaucoup de chances dans le Var (1). »

Ce qui était fait pour inquiéter le plus dans les conditions de l'élection du P. Lacordaire, c'était sa présence et sa discussion dans les clubs, au foyer même de l'effervescence populaire. Les journaux et publications du temps ont consigné le récit de la séance la plus tumultueuse de cette épreuve au *Club de l'Union*, tenu à la Sorbonne, le 11 avril 1848, et un témoin, heureusement survivant, nous en garantit l'entière exactitude, comme si nous y assistions (2). Or, là nous éprouvons une indicible satisfaction : celle que, non seulement

(1) *Lettre à Mademoiselle de Virieu*, Paris, 20 avril 1818.
(2) Le très honorable M. Henri Villard, avocat distingué à Langres, dans son très intéressant recueil biographique et épisto-

il n'y ait rien à voiler, mais qu'il n'y ait rien qu'à admirer dans la tenue et la conduite de Lacordaire.

Dans cette vaste salle de la Sorbonne, regorgeant de public non trié, et parmi les cris et les chants qui s'élevaient de l'extérieur où on l'appelait de soif de l'entendre, il ne perdit ni la tête, ni le cœur, ni surtout la conscience. C'était l'un des *Hébreux* dans la fournaise, ou Daniel dans la fosse aux lions. Dans un tel milieu il n'eut à essuyer aucune inconvenance ni même indélicatesse. Le sympathique respect qu'il avait conquis dans la chaire de Notre-Dame l'enveloppait et le préservait. Ce n'est pas qu'il n'y fût discuté, il l'y fut de tout point et il ne tergiversa sur aucun. Comme l'athlète antique sur son disque huilé, il ne glissa vers aucune concession. Il s'affirma pénétré d'estime et d'amitié pour Montalembert, alors compromis dans l'opinion populaire

laire intitulé : *Correspondance inédite du P. Lacordaire* (Paris, Victor Palmé, 1876), qui est comme le *dossier* le plus complet et le plus à fond concernant l'illustre Père.

pour son discours sur la question du *Sunderbun*.
Il renia pour *pères* les hommes de la Révolution.
Il déclara hautement que jusqu'à l'instant *il n'y
avait pas dans toute sa personne un atôme de
républicanisme*. Il se réserva, sans s'y engager
par aucune profession de foi, de servir la République, par devoir, *pour la conduite admirable
tenue par le peuple dans les choses religieuses*,
et nullement parce qu'elle avait pour elle la victoire : attendu que *le pays qui a porté pendant
mille quatre cents ans la monarchie, ne porte
que d'aujourd'hui la République*. Enfin, il termina
par ce noble cri : « Je serais toutefois un lâche
« et un imbécile de me repentir de ce que la
« victoire et ma conscience n'aient pas voulu une
« seule et même chose. *La victoire est à vous,
« ma conscience me reste à moi*. C'est une victoire
« sans tache, eh bien ! c'est une victoire sans tache
« et une conscience sans tache qui s'embrassent
« dans cette enceinte ! »

Dégagé de toutes les scories de la circonstance,
tel fut l'or pur qui resta de Lacordaire au fond

de ce creuset, et si l'Assemblée se sépara en criant :
Vive la République ! ce ne fut pas sans s'écrier
également, dans un redoublement d'estime et de
respect pour lui : *Vive Lacordaire!*

C'est probablement à cette haute intégrité de son
caractère qu'il dut d'échouer aux élections de Paris
où il eut cependant plus de soixante-deux mille
voix. Présenté en même temps dans les Côtes-
du-Nord, la Mayenne, l'Isère et le Var, où il
n'avait rien fait cependant pour seconder la bien-
veillance électorale, il fut nommé par le département des Bouches-du-Rhône, sans l'avoir re-
cherché, et caractérisa lui-même ainsi sa mission
dans son remerciement à ses électeurs :

« Étranger à la vie politique, il me semblait que
« ma carrière avait été tracée par Dieu bien loin et
« bien au-dessus des agitations du Forum… J'essaie-
« rai d'être à l'Assemblée nationale un représen-
« tant digne de vous, d'y faire asseoir, dans ma
« personne, votre foi religieuse, votre amour de
« la patrie, votre dévouement aux libertés chré-
« tiennes et nationales, votre volonté de venir

« en aide aux classes pauvres et souffrantes, votre
« respect de la famille et de la propriété, votre zèle
« enfin pour la chose divine et humaine qui porte
« *en ce moment* le nom de République et qui le
« portera toujours, si nous savons tous ensemble,
« comme il faut l'espérer, reconnaître et fonder
« l'avenir. »

Le P. Lacordaire est toujours lui-même, et
ne saurait être pris en défaut, aussi digne,
aussi fidèle à son caractère et à son apostolique
mission dans les orages de la politique que dans la
chaire et dans le cloître : partout l'homme de bien
parce qu'il est l'homme de Dieu, et pas autre chose.

Ainsi entra-t-il à l'Assemblée nationale et y
fut-il honorer l'extrême gauche de la candeur de
son caractère et de son habit, se faisant l'illusion
de croire que par un tel gage de sa confiance il
pourrait modérer les passions où elles étaient les
plus périlleuses, ou plutôt se faisant un courageux
devoir de l'oser, et d'y être comme un paratonnerre ;
car pour l'illusion on vient de voir à quel point
elle était par lui réservée et subordonnée.

Il ne se trompait pas ; à la différence de tant
d'autres, du centre et des droites même, subitement
transformés en républicains du jour, si ce n'est de
la veille, faute de compter avec ce fatal Esprit
de 89 et de 1830 si bien caractérisé, après coup,
par M. Guizot, dans une page mémorable et cependant inaperçue de ses *Mémoires* (1). — A vingt

(1) Voici cette page qu'on pourrait intituler : *la Démonologie*
de la Révolution :

« La France est restée, *depuis* 1789, profondément imbue de
l'esprit révolutionnaire, quelquefois comprimé ou transformé,
jamais extirpé ni vraiment vaincu. Par moments, la France s'en
croit guérie ; elle le maudit ou elle n'y pense plus, mais le fatal
esprit demeure... Dès que quelque grand évènement lui fait jour,
le démon sort des retraites où il était caché, mais toujours actif ;
il s'avance sous des noms divers, aujourd'hui la République, demain le socialisme, puis le communisme, puis enfin et ouvertement l'anarchie, son vrai et dernier drapeau. Tant qu'elle peut se
faire illusion et ne pas voir ce sinistre drapeau, la France se
refuse à le prévoir, et contre ses plus chers comme ses plus
nobles intérêts, contre son vœu réel et général, elle se complaît
dans le mouvement qui ouvre à son imagination des perspectives
indéfinies et rallume dans sa mémoire des feux mal éteints.
Ce fut sur cette pente que *la révolution de* 1830 *lança notre
patrie...* (1) ».

Une telle page, sortie d'une telle plume, n'a pas besoin d'être
commentée. Autant elle fait honneur à M. Guizot, autant elle en
ferait peu à ceux des siens d'aujourd'hui qui en éluderaient la
leçon.

(1) *Mémoires pour servir à l'histoire de mon temps.* t. III, ch. XXI.
p. 181. *Politique intérieure.*

jours de là, en effet, replié sur lui-même, le *démon* révolutionnaire sortait de ses retraites et faisait irruption dans l'Assemblée nationale par l'écume de la rue comme aux plus mauvais jours de notre histoire.

Dans ce tragique événement, le P. Lacordaire se montra, entre tous, digne de son double caractère de représentant de la France et de Dieu. Bien que signalé par sa robe blanche aux menaces des émeutiers, dit l'histoire, il resta impassible et triste à son banc comme une statue antique ou comme le sénateur romain lors de l'invasion des Gaulois. Mais il comprit que c'en était fait de la République. Il vit aussi, de ce clair regard que Dieu lui donnait dans les circonstances décisives de sa vie, qu'il ne pouvait concilier ses devoirs de Religieux et ceux de représentant. Dès lors, par un de ces courages de saint qui plus d'une fois ont sauvé en lui le Religieux des entraînements de l'homme et ont valu à notre siècle la belle et féconde unité de son apostolat, son parti fut pris. Malgré le discrédit qui devait lui en revenir de divers côtés et d'entre nombre de ses amis même, il rompit avec cette situation, et simplement, sans déclaration ni explication publique, si ce n'est par une lettre au président de l'Assemblée et une autre à ses électeurs, il se retira; il se retira dans sa cellule, pour en remonter plus haut que jamais dans la chaire de Notre-Dame et y faire entendre ses sublimes conférences de 1849 et 1850 sur Dieu et sur Jésus-Christ.

Je m'entretenais dernièrement de cette conduite de l'illustre Père avec un homme des mieux faits pour l'apprécier, en même temps que des mieux posés comme témoin des circonstances historiques auxquelles elle se réfère, lorsqu'il me révéla ce fait obscur de Lacordaire où il fut surpris à l'heure même de l'événement :

C'était le 15 mai. L'invasion de l'Assemblée nationale venait d'épuiser ses fureurs, et, en se retirant, avait laissé le quartier du Palais-Bourbon désert comme une plage de l'Océan après un reflux de folle marée. Une pieuse dame du faubourg Saint-Germain, qui me fut nommée, et de qui mon interlocuteur tenait le fait, passant dans la rue de Bourgogne entra instinctivement dans l'humble petite chapelle de *Sainte-Valère*, paroissiale alors de ce qui a été érigé depuis en *Sainte-Clotilde*, et, dans la solitude de cet oratoire, elle vit le P. Lacordaire prosterné tout de son long, la face contre terre, devant les marbres de l'autel. Se retirant aussitôt par discrétion, mais étant revenue quelques instants après avec sa fille qu'elle était allée chercher dans une maison amie, elles retrouvèrent le Père dans la même prosternation ; d'où il se releva et se mit à dire son office.

Les choses les plus ordinaires, et même plus elles le sont, prennent l'importance et la signification des situations et des caractères, comme l'a très bien compris Plutarque dans ses portraits des *Hommes illustres*, qui, aujourd'hui sont nos *Saints*. Or, ici, voici la valeur et la gran-

deur qui m'apparaissent dans ce fait si simple
en toute autre circonstance :

Au lieu de s'être rendu en toute hâte à sa
demeure où l'attendaient nombre d'amis politiques préoccupés de lui et des conséquences de
l'évènement sur sa conduite, ou du moins au lieu
d'aller prendre conseil de son éminente amie
Mme Swetchine, dont il devait augurer les anxiétés
et les perplexités, le vrai P. Lacordaire était là,
pesant au poids du sanctuaire et sa situation et
ses résolutions ; mettant cette insigne épreuve
avec l'agonie de son Sauveur à Gethsémani et en
savourant l'amertume : il était là, naufragé du
temps au rivage de l'éternité, à la lumière de laquelle il voyait notre déplorable avenir et il se
relevait tel que dans le document qui me reste
à faire connaître.

Il me fut donné, à cette même époque, de pénétrer plus particulièrement dans les vues de sa
conduite par la correspondance dont elle fut l'objet entre nous. Sa lettre en réponse à la mienne
à ce sujet a été publiée par moi il y a six ans

dans *la Guyenne,* d'où elle traversa plusieurs
journaux, notamment *l'Univers* et *le Temps,* qui
la jugèrent également digne de mémoire. Sa
place est trop marquée ici par son rapport avec
ce qui précède et par les conclusions dernières
qui en découlent pour que je ne l'y fixe pas.

La voici (1) :

« Paris, 29 juillet 1848.

« Je vous remercie de votre bonne lettre du
« 25 mai, que vous m'avez fait l'amitié de m'écrire
« en apprenant ma démission de l'Assemblée na-
« tionale. Ça été une consolation pour moi de voir
« que vous aviez compris ma pensée. Dès le 15 mai,
« la cause populaire avait été souillée, et il était
« facile de prévoir les luttes sanglantes du 24 juin ;

(1) Il est peut-être bon de connaître celle que j'avais écrite
moi-même et à laquelle le P. Lacordaire répondait.

« Bordeaux, 25 mai 1848.

« Mon Révérend Père.

« J'ai suivi avec un vif intérêt de respectueuse affection
« votre trop courte carrière parlementaire. Votre venue à
« l'Assemblée nationale avait fait concevoir à vos amis les
« plus grandes espérances ; votre retraite les a étonnés et

« comment aurais-je pu, dès lors, rester à l'ex-
« trême gauche, ou me reporter à une autre place ?
« Dans un livre, dans un journal, on écrit ce que
« l'on veut, sans autre solidarité que celle de ses
« pensées ou celle de pensées tout à fait amies.
« Dans une assemblée politique, c'est tout autre
« chose, surtout aux époques de commotions vio-
« lentes et profondes. La guerre a éclaté entre la
« bourgeoisie et la classe ouvrière. Celle-ci a rai-
« son dans un grand nombre de ses griefs ; elle
« est démoralisée, foulée par la bourgeoisie, qui,

« attristés. Cependant la réflexion et surtout la réflexion
« chrétienne vous approuve, même sans connaître les rai-
« sons particulières qui peuvent justifier plus encore votre
« détermination. Les temps sont évidemment plus forts que
« les cervelles ; nous sommes encore sous le coup de l'o-
« pération divine : aucun bien direct et immédiat ne peut
« être fait par l'homme, si éminent qu'il soit, aucune mo-
« dification ne peut être apportée par lui au mouvement
« qui nous emporte tous à la fois dans le cyclone qui agite
« en ce moment la France et l'Europe. Le bon esprit est
« sans doute au fond, mais le mauvais esprit est au-dessus.
« Quels déplorables témoignages n'en avons-nous pas tous
« les jours ? Quelle malveillance chez les uns, quelle inin-
« telligence chez les autres à l'égard du christianisme et
« de la liberté ! que de préventions iniques ! que de pas-
« sions grossières ! Comment un chrétien, un prêtre, un
« Religieux peut-il garder une place digne et utile au
« foyer même d'une situation aussi désordonnée ? et qu'il
« est bien inspiré par l'esprit de sa vocation lorsqu'il ren-

« étant peu chrétienne, n'a que de fausses lumiè-
« res, beaucoup de besoins et peu de charité.
« Mais, d'un autre côté, le peuple lui-même, dans
« la portion, du moins, qui habite les grands cen-
« tres d'industrie, et sous l'impulsion de chefs dé-
« testables, est plein d'ignorance, de convoitise,
« d'irréligion. Le mal d'en haut a engendré le
« mal d'en bas, et le prêtre, quelque part qu'il
« regarde, ne voit aucun parti auquel il doive se
« donner. La bourgeoisie représente l'ordre ma-
« tériel et le désordre moral; la classe ouvrière,
« qui a plus de moralité prise dans sa masse, a

« tre dans la paix de son ministère ! Permettez-moi donc,
« mon Révérend Père, de vous féliciter chaudement d'avoir
« eu la sagesse et la force d'une résolution qui a dû vous
« coûter, sans doute, mais dont, à raison même de son
« plus grand mérite en cela, vous recevrez le dédomma-
« gement avec surabondance dans l'inappréciable témoignage
« de la vérité au dedans de vous et bientôt au dehors.
« Dans un temps où l'esprit d'orgueil et d'obstination dans
« le faux a produit tant d'illustres folies, tant de déplora-
« bles avilissements, qu'il est beau de voir le génie replier
« humblement ses ailes dans la tempête, ou plutôt les éten-
« dre pour s'élever au-dessus dans la sérénité du ciel !
« Daignez agréer, mon très Révérend Père. ces épanche-
« ments d'autant plus dignes de vous qu'ils me sont ins-
« pirés de vous-même, et y trouver l'humble témoignage
« de tous les sentiments de respectueuse affection que je
« vous ai voués.
« AUGUSTE NICOLAS. »

« aussi la violence en partage et une facilité
« inouïe à suivre les plus déplorables directions.
« Que reste-t-il, sinon de se porter comme média-
« teur, par la vérité et la charité de l'Evangile,
« en faisant entendre aux deux partis leurs torts
« et leurs devoirs réciproques, et en tâchant de
« les amener, par l'expérience de leurs maux com-
« muns, à une transaction fondée sur la loi de
« Jésus-Christ? Mais pour atteindre ce but, le prê-
« tre, le religieux surtout, est mal placé dans une
« assemblée politique, à moins qu'il ne s'y cache
« et ne ressaisisse sa véritable influence à force
« de se faire oublier.

« Voilà, Monsieur, en peu de mots, les raisons
« de ma conduite, généralement blâmée d'abord,
« sauf par des hommes comme vous, mais que les
« évènements de Juin ont déjà justifiée près de
« beaucoup de ceux qui ne l'avaient pas d'abord
« comprise.

« La bourgeoisie s'éclaire dans un certain nom-
« bre de ses membres les plus droits; mais elle a
« des préjugés qui subsistent, des fautes qui ne

« sont pas expiées, des injustices qu'elle ne veut
« pas réparer ; elle est donc destinée à subir des
« maux dont Dieu seul connait le terme. Il lui
« faudra périr ou s'agenouiller devant Jésus-Christ
« et délivrer l'Eglise. Ce sera l'un des deux.

« Adieu, Monsieur, priez pour moi, pauvre sol-
« dat sur la brèche, et veuillez agréer mes très
« humbles et très affectueux sentiments.

« Fr. HENRI-DOMINIQUE LACORDAIRE,
« *Des Frères Prêcheurs.* »

Cette lettre est la plus explicite des révélations
que le P. Lacordaire ait faite des mobiles et des
vues de sa retraite. Je me demande, non sans
regret, comment je ne la publiai pas à son heure,
comme étant de nature, sinon de destination, à
couper court aux interprétations et aux blâmes
de sa conduite, de trop haute inspiration pour
qu'on la comprit (1). Je m'en console, toutefois,

(1) ... « Si vous saviez à Paris, dans les salons et beaucoup
« d'autres lieux ce qu'on dit de moi, vous éprouveriez de la
« stupeur... J'ai reçu quelques lettres on ne peut plus touchan-
« tes, mais généralement l'impression a été douloureuse...
« J'ai écrit deux ou trois lettres à peine pour me justifier près

par cette considération que j'aurais abrégé d'autant le saint mérite de sa patience et de son humilité dans cette épreuve par une divulgation justificative où il aurait paru récriminer contre l'opinion. Mais je m'en console surtout parce que cette lettre, posthume de près de quarante années, profite d'autant plus, en ce moment, à sa mémoire et à nous, comme si elle

« de quelques amis ; il vaut mieux attendre la justice du temps.
« Peu d'hommes voient l'avenir... Vous pouvez être assurée
« qu'un jour cette retraite de l'Assemblée sera une des choses
« dont on me louera le plus (1).

« Ce qu'on appelle politique en moi c'est de dire les grandes
« vérités sociales de l'Évangile à tous... Il n'y a de politique
« nulle part dans mes œuvres, mais partout l'accent d'une âme
« qui n'appartient qu'à Dieu et qui ne veut se donner qu'à lui...
« Mais vous êtes jugé sur une phrase, sur un ouï-dire. Aussi
« n'ai-je aucune amertume contre les faux jugements qu'on porte
« sur moi : je m'y résigne, grâce à Dieu, avec douceur. C'est la
« vie entière qui doit finalement déposer de vous (2)... »

Le P. Lacordaire fut, dans son âme, dans ses intentions et dans sa conduite, ce qu'il était dans l'extérieur et dans les habitudes de sa personne : une hermine, pour ainsi parler, de délicatesse et de correction, qu'une tache eût fait mourir ; mais qui « se
« retranchait, comme il l'a dit lui-même, dans la sainteté de son
« ministère et de son habit comme dans *une citadelle imprenable*,
« non seulement à l'ambition, mais encore défendue contre
« la peine qu'on aurait cru lui faire en ne l'appelant à rien...
« Eût-il perdu beaucoup dans l'esprit des hommes, qu'est-ce que
« cela si l'on n'a rien perdu devant Dieu... (3) ? »

(1) *Lettres du P. Lacordaire à Mme de Prailly.*
(2) *Id.*
(3) *Id.*

avait été réservée à cette double fin. On ne saurait être en retard avec le P. Lacordaire, tant il est lui-même en avance. Il l'est ici à ce point que je ne saurais mieux terminer et conclure que par ce document, tant, en achevant de faire la lumière sur lui, il arrive droit à nous, comme si lui-même nous l'adressait à l'instant d'outre tombe.

Disons-le donc une dernière fois, puisque une dernière fois après tant d'autres le vrai P. Lacordaire s'en dégage et en ressort : l'erreur de ce siècle, qui de proche en proche gagnant les bons, ce qui est le pire, nous a fait descendre au plus bas-fond où nous sommes et fait obstacle à notre relèvement ou le rendrait illusoire, c'est ce système de compromission antisociale entre la Vérité et les erreurs, entre le Christianisme et la révolution, entre l'Eglise et les principes de 89, entre l'affirmation et la négation de Dieu lui-même, en vue de les faire se supporter mutuellement dans on ne sait quel régime de neutralité officielle, aussi chimérique en fait que faux en logique, ne fût-il pas déjà répulsif pour qui n'a pas abjuré la foi de son baptême; et cela encore, alors que la Révolution rejette loin d'elle pour son compte une telle compromission, et s'en prévaut comme de notre capitulation et abdication devant elle.

Eh bien, à cela, que nous crie ici Lacordaire? — Point de *médiation* que *par la vérité et la charité de l'Évangile,* ni de *transaction* qui ne soit *fondée sur la loi de Jésus-Christ.* — Mais de part et d'autre, le mal d'en haut ayant engendré le mal d'en bas, le peuple et la bourgeoisie paraissent loin d'accepter un tel terrain! — La société *est donc destinée à subir des maux dont Dieu seul connaît le terme. Il lui faudra périr ou s'agenouiller devant Jésus-Christ et délivrer l'Église.* Et il ajoute : CE SERA L'UN DES DEUX : tranchant ainsi *l'entre-deux* du libéralisme.

Quel accent d'oracle! et cet oracle remonte à près de cinquante ans : cinquante ans qui, loin d'en avoir affaibli la portée, l'ont accrue de tous nos désastres et de tous nos malheurs, le faisant d'autant plus retentir jusqu'à nous qui paraissons aujourd'hui devoir en être le terme. — Qu'on nous cite quoique ce soit de plus accentué et de plus formel des plus fermes champions de la vérité divine et de son intégrité catholique !

Eh bien, ce que nous dit là le P. Lacordaire il l'a toujours dit avant et après : nous l'avons surabondamment montré sans laisser au doute la moindre retraite. Ça été là comme la cause finale de toute sa vie apostolique : ramener le siècle à *s'agenouiller devant Jésus-Christ et à délivrer l'Eglise*, — deux choses qui, pour lui, n'ont jamais fait qu'un.

Et pour cela, tout le premier, il ne s'est pas épargné lui-même. A quel point! nous le savons tous, grâce au P. Chocarne qui, au risque de stupéfier le siècle, en a trahi l'effrayant secret. Si grand orateur qu'il ait été, autant au moins, le P. Lacordaire, ne craignons plus de trancher le mot, a été *un saint*.

Singulier saint, dira-t-on, ayant été si moderne, si séculier et, faut-il dire, si profane dans son apostolat, ne prononçant pas même d'ordinaire le nom de Jésus-Christ, s'abstenant de faire le signe de la croix en commençant et de bénir son auditoire en terminant ses Conférences !

Oui, assurément, singulier. Mais quel est le saint qui n'ait pas été singulier? Le propre du saint n'est-il pas d'approprier la forme de sa mission aux maux de son temps pour l'en tirer, et en cela d'être original dans la manière pour en être mieux apôtre au fond? Lui-même l'a fort bien dit : « Dieu fait des hommes singuliers pour des « positions singulières (1). C'est Dieu qui fait « les hommes quand il veut s'en servir, sauf à « les briser après, et qui leur donne juste ce « qu'il faut, par une suite d'événements impré- « vus dont la liaison ne se découvre qu'à la « longue. En repassant ma vie toute entière, je « la trouve convergeant vers le point où je suis, « de quelque côté que je la regarde (2). »

(1) De Bosco, 14 septembre 1838.
(2) *Id.*, novembre 1838.

Lorsque, après son retour de Rome, il eut à reprendre pied dans la chaire de Notre-Dame sous son froc de moine, tout présageait une émeute, à laquelle le gouvernement d'alors avait déclaré vouloir l'abandonner. Cinq mille têtes échauffées se donnèrent rendez-vous dans la basilique transformée comme en champ clos de combat. Mais, lui, ayant débuté ainsi : « Après la « bataille d'Arbelles, Darius, roi de Perse... » tout le monde tendit l'oreille ; on n'avait pas eu le temps de se reconnaître, et à sa troisième phrase, comme il l'avait prévu, il s'était fait dans le cœur de tous un asile assuré. Que s'il eût fait seulement le signe de la croix (que ne réclamait pas d'ailleurs le genre didactique de sa parole), que serait-il arrivé ? Tout au moins il eût exorcisé son auditoire de Notre-Dame, et ses immortelles Conférences, au gré de l'ennemi qu'il déjoua si bien, n'eussent pas vu le jour.

Mais cette Croix, — abattue alors du sommet de nos temples par ce même peuple dans le cœur duquel il devait la relever jusqu'à la lui faire rapporter triomphalement à Notre-Dame, — comme il se l'infligeait à lui-même avant et après dans sa retraite ! comme il s'y crucifiait et s'y mortifiait ! comme il en tirait de lumière, d'ardeur et de grâce pour son apostolat ! comme Jésus-Christ caché sous sa parole en était le foyer ! Et lorsque enfin, devenu maître ainsi, par ce divin Maître, de son auditoire, il eut finalement à parler directement de Lui, oh ! comme ses entrailles se rompirent d'éloquence pour le dénoncer et le proclamer par ce cri sublime :

« Seigneur Jésus, depuis dix ans que je parle
« de votre Eglise à cet auditoire, c'est, au fond,
« toujours de vous que j'ai parlé, mais enfin,
« aujourd'hui plus directement, j'arrive à Vous-
« même, à cette divine figure qui est chaque
« jour l'objet de ma contemplation, à vos pieds sa-
« crés que j'ai baisés tant de fois, à vos mains
« aimables qui m'ont si souvent béni, à votre
« chef couronné de gloire et d'épines, à cette
« vie dont j'ai respiré le parfum dès ma nais-
« sance, que mon adolescence a méconnue, que

« ma jeunesse a reconquise, que mon âge mûr
« adore et annonce à toute créature. O Père !
« ô Maître ! ô Ami ! ô Jésus ! secondez-moi plus
« que jamais, puisque étant plus proche de vous,
« il convient qu'on s'en aperçoive, et que je
« tire de ma bouche des paroles qui se ressen-
« tent de cet admirable voisinage ! »

A quel point, en effet, ses paroles se res-
sentirent de Jésus-Christ dans les dernières Conférences qu'il Lui consacra, on peut le ressentir
soi-même à leur lecture ; et on peut dire que
pour avoir été partagées si ardemment par son
disciple, les épines du divin Crucifié s'y transfi-
gurèrent miraculeusement pour l'orateur en rayons
de gloire (1).

Mais ce qu'il faut surtout remarquer ici, c'est

(1) Lacordaire, pour ne pas exposer le nom adorable de Jésus-
Christ tout au moins à la froideur, si contraire au feu profond
dont il en était embrasé, s'imposait de le respirer plutôt que de
le proclamer, et de le faire valoir par cette réserve même. Mais
quand il lui arrivait de pouvoir en parler, comme ici, comme dans
sa *Cinquième conférence de Toulouse*, comme dans sa *Première
lettre à un jeune homme*, quel accent incomparable ! accent d'un
amour se donnant à lui-même toute l'intelligence de son objet,
comme le foyer produit la flamme dont il est éclairé.

que, à la différence de tant de faux mystiques qui se font un Jésus-Christ à eux, sans tenir compte de son Eglise et souvent pour s'affranchir de son Autorité, Lacordaire ne disjoint jamais l'Epouse de l'Epoux, et que par une tendance toute opposée, il consacre dix ans à parler de l'Eglise, comme *parlant au fond toujours de Jésus-Christ* avant d'arriver plus directement à Jésus-Christ Lui-même. Voilà qui n'est pas d'un apôtre du libéralisme au sens du jour, mais d'un fidèle amant de la vrai liberté prise et ramenée à sa véritable source.

Autant donc le genre de sa prédication était moderne, autant celui de sa sainteté nous raporte au moyen âge et reproduit à nos yeux quelque chose des grandes figures de saint Dominique et de saint François. Comme celui-ci fut l'amant de la Pauvreté qu'il appelait *sa Dame*, le P. Lacordaire le fut de la Croix. Et, chose à remarquer, ce ne fut pas tant par esprit d'expiation et de pénitence que par amour;

amour rendu à Jésus-Christ de la même manière dont Jésus-Christ nous a témoigné le sien : l'amour de l'humiliation, de la souffrance, de l'immolation, en un mot de la croix, pour Celui qui, le premier, nous a aimé de la sorte.

Son digne historien, le P. Chocarne, avec une rare pénétration, a fait sur lui cette observation dont je lui emprunte seulement l'idée. Lacordaire eût été, de soi, une nature fermée, et dont les trésors de sensibilité autant que de génie seraient restés comme enfouis, si, du côté du cœur, elle n'eût trouvé son expansion dans un tel amour de Jésus-Christ, et, du côté des facultés oratoires, si elle n'eût été provoquée par le choc électrique des grands auditoires. Il en eût été alors de lui, selon un mot de Montesquieu, *comme de ces riches marchands qui s'en vont sans déplier*.

Ces conditions d'ailleurs se réclamaient l'une l'autre. Si Lacordaire a été grand entre les grands, c'est qu'il a été soumis entre les soumis; et c'est parce qu'il réduisait son corps en servitude dans le cloître qu'il n'était qu'esprit et que flamme dans la chaire.

Je le peindrai, volontiers, à la manière dont on représente un des anciens de son Ordre, le grand Frère-Prêcheur saint Vincent Ferrier, avec des ailes, comme l'*Ange* des derniers temps, enflammant la terre de sa céleste parole et échappant à tous les enivrants honneurs qui lui en revenaient. Comme celui-ci, en effet, à qui lui eût demandé au plus fort d'un de ses triomphes oratoires : *Eh bien, Père, comment va la vanité ?* il aurait pu répondre : *Rassurez-vous, cher Frère, elle va et elle vient ; mais, par la grâce de Dieu, elle ne s'arrête pas.*

Par sa vie intime comme par sa vie publique, par le caractère de sa physionomie et par le prodigieux empire de sa parole sur les esprits les plus dévoyés, Lacordaire restera, peut-on dire, légendaire. Légendaire et cependant historique au plus haut point. A la différence, en effet, de tant d'apôtres éloquents pour ceux qui les ont entendus, mais dont le souffle n'a laissé après eux aucune forme durable, le sien restera à jamais fixé, défiant la censure et enlevant l'éloge, en des pages immortelles où en le lisant on croira l'entendre, et son auditoire ne fera, pour ainsi dire, que se renouveler. Le conférencier de Notre-Dame ne descendra pas de sa chaire. On le citera toujours par mille mots de lui qui, frappés comme en médailles, résument autant d'ordres de vérités ; on s'abreuvera toujours au large fleuve de sa doctrine, et sauf la différence des temps, ou plutôt à raison de cette différence même, il restera comme le Bossuet de son siècle avec je ne sais quoi de plus inspiré.

Pour achever, voici le dernier mot sur lui, dernier mot qui a été prononcé du premier jour et qu'il n'a fait que justifier de plus en plus. Et par qui prononcé? Par deux hommes qu'on n'aurait pas pu mieux choisir comme exempts de tout préjugé favorable : l'un, un homme *d'autrefois*, Monseigneur de Quélen, d'aristocratique mémoire ; l'autre, rigide tenant de la doctrine traditionnelle, Monseigneur Affre qui. vicaire général alors du premier, ne soutint pas moins, et plus peut-être encore, le revenant de Rome contre la tourbe de ses détracteurs. Un jour ayant pris Lacordaire dans sa voiture, au sortir d'une de ses premières conférences, pour le conduire chez Mme Swetchine, Monseigneur de Quélen dit à celle-ci en entrant dans son salon : « Je vous amène *notre géant.* » Une autre fois, du haut de son siège, à Notre-Dame, interprétant l'enthousiasme de tout l'auditoire, il l'appela publiquement *un nouveau Prophète.*

On ne pouvait mieux le caractériser, et ce mot, rappelé si souvent depuis, n'a jamais été critiqué. Pour cela, en effet, il faudrait d'abord qu'on en trouvât un autre qui qualifiât différemment, mais exactement le phénomène si extraordinaire de sa parole et de son action. Or, je le laisse à trouver. En attendant, par combien de côtés celui-ci ne se justifie-t-il pas ?

Prophète; c'est-à-dire, au sens biblique du mot, puissant en œuvres et en parole; suscité exceptionnellement de Dieu pour le salut ou la respon-

sabilité d'un peuple, et jeté à cet effet dans un
moule qui, après cela, est brisé ; promulgateur
inspiré des vérités divines les plus méconnues de
son temps, *les grandes vérités sociales de l'Evangile et de l'Eglise,* et courageux oracle de leurs
redoutables sanctions ; enfin, restaurateur de l'Ordre
antique et par lui rendu nouveau dont il a glorifié
l'habit et a été le modèle austère.

N'est-ce pas là le R. P. Lacordaire tel que j'ai
essayé de l'esquisser dans cette *Etude,* et n'est-
ce pas en même temps le Prophète reconnaissable à
cela même qu'il a eu de si singulier... ?

Qu'il le soit donc, et le fallût-il jusqu'au miracle, pour ceux que sa manière de présenter la
vérité, si opportune en nos temps, aurait induits
à prendre le vase pour la liqueur ! Nouvel Elisée,
qu'au contact de sa mémoire et de ses œuvres,
comme au contact des ossements de l'ancien, les
errants reviennent, les morts mêmes ressuscitent (1),

____

(1) *Des Rois,* liv. IV, c. 13.

et qu'on puisse lui appliquer jusqu'au bout ce bel
éloge qui lui va si bien : « Élisée n'a point eu peur
« des princes durant sa vie et nulle puissance ne le
« vainquit, nulle ne surmonta sa parole. Bien plus,
« après sa mort, son corps même prophétisa : »
*Eliseus non pertimuit principem, et potentia
nemo vicit illum. Nec superavit illum verbum ali-
quod. Et mortuum etiam prophetavit corpus
ejus* (1).

Pour moi, glorieux Père, s'il m'est permis de me
distinguer des autres par ce que je vous dois, qui ai
été de ceux en effet dont on peut dire : « Bienheureux
« ceux qui vous ont vu, et qui ont eu l'honneur de
« votre amitié. » *Beati sunt qui te viderunt et in
amicitia tua decorati sunt!* mais de ceux aussi
qui doivent dire d'eux-mêmes : « Nous vivons,
« nous, seulement notre vie, et notre nom ne
« sera pas tel que le vôtre après la mort : » *Nos*

____

(1) *Eccli.*, c. XLVIII. 13, 14.

vita vivimus tantum; post mortem autem non erit tale nomen nostrum (1), agréez ce dernier mouvement d'une plume « que vous me mites autrefois à la main, » et comme vous fûtes le levant de mes travaux, soyez-en le couchant.

(1) *Eccli*, c. XLVIII, 11, 12.

FIN

Toulouse — Imprimerie THOMAS et CONFERON, 21, rue Bonrepos

ŒUVRES DU R. P. LACORDAIRE

**Œuvres complètes du R. P. Henri-Dominique Lacordaire, des Frères
Prêcheurs.** Nouvelle édition complète et définitive, comprenant tout ce
que le Père Lacordaire a publié de son vivant, 9 vol. in-8.
— LES MÊMES, 9 volumes in-12 jésus. . . . .
Conférences prêchées à Paris (1835-1851) et à Toulouse, 5 volumes in-12.
**Sermons, instructions et allocutions du R. P. Henri-Dominique Lacor-
daire.** Notices, textes, fragments, analyses, 3 volumes.
Lettres du R. P. Lacordaire à Mme la baronne de Prailly, publiées par le
R. P. Bernard CHOCARNE, des Frères Prêcheurs, 1 volume.

OUVRAGES DE M. AUGUSTE NICOLAS

Etudes philosophiques sur le Christianisme, 26e édition, 4 vol.
La Vierge Marie et le Plan divin, 8e édition, 4 volumes.
L'Art de croire, préparation philosophique à la Foi, 7e édit., 2 volumes.
La Divinité de Jésus-Christ, démonstration nouvelle tirée des dernières
attaques de l'Incrédulité, 4e édition, 1 volume.
Jésus-Christ, introduction à l'Evangile étudié et médité à l'usage des
temps nouveaux, 2e édition, 1 volume.
La Raison et l'Evangile, 1 volume.
Etude sur Maine de Biran d'après le journal intime de ses pensées, 1 vol.
Du Protestantisme dans ses rapports avec le Socialisme, 3e édit, 1 volume.
L'Etat sans Dieu, nombre d'éditions, *épuisé,* 1 volume.
La Révolution et l'Ordre chrétien, 2e édition, 1 volume.
Mal séculaire de la France, *à réimprimer.*
Rome et la Papauté, 1 volume.
Mémoires d'un Père sur la vie et la mort de son fils, 1 volume.
Œuvres mêlées, 1 volume, *en préparation.*

Toulouse, Imp. Thomas & Conferan.

www.ingramcontent.com/pod-product-compliance
Lightning Source LLC
LaVergne TN
LVHW021535170726
843501LV00004B/1091